NOTES BIOGRAPHIQUES

SUR

NOTRE FAMILLE

PAR

LE DR PERRON

BESANÇON

IMPRIMERIE TYPOGRAPHIQUE MILLOT FRÈRES

7, Square Saint-Amour, 7

—

1884

A MES ENFANTS

J'ai recueilli pour vous ces quelques notes de biographie sur nos vieux parents. Vous serez bien aises de savoir de quoi et à quel âge ils sont morts, comment ils ont vécu, ce qu'ils ont été et ce qu'ils ont fait.

Vous êtes leur réincarnation véritable. Par conséquent, leur histoire sera pour vous mieux qu'une affaire de curiosité : elle vous fournira les éléments d'une étude du plus sérieux intérêt.

Elle vous révélera les qualités de notre race, le caractère, le tempérament, les goûts et jusqu'aux dispositions morbides de la parenté.

Elle vous fera pressentir que la décadence ou la prospérité des familles est rarement quelque chose de fortuit et d'inattendu, mais qu'elle tient le plus souvent à quelque vice héréditaire ou acquis, à des défauts de naissance ou d'éducation. D'où cette conclusion facile à tirer que, pour se maintenir dans le bien, pour durer, il faut se préserver des unions et des fréquentations malsaines, comme on défend ses champs de l'ivraie et de la cuscute.

Nos vieux parents étaient imbus d'idées très sages à cet égard. Ils ont travaillé et peiné, certainement, en vue d'assurer à leurs enfants un patrimoine de bon renom et de bonne santé. Restons dans leur tradition, pour ne pas courir aux aventures.

Quelqu'un de vous m'a fait observer, non sans une pointe de malice, que comme je parlais en bien, presque toujours en bien, des membres de la famille, mes éloges pourraient être à bon droit suspectés....

J'en conviens.

Il est assez difficile de se dépouiller d'une tendance plus

ou moins prononcée à voir tout en beau chez ses parents ou chez ses enfants. C'est dans l'ordre établi par la nature. J'ai fait, sachant cela, tout mon possible pour être un narrateur impartial et pour dépouiller l'optimisme d'un esprit étroit.

Ce qui doit, d'ailleurs, rendre mes légendes de famille plausibles et acceptables, c'est d'abord l'unanimité des gazettes locales et des journaux, qui renferment des notices nécrologiques consacrées à nos parents et qui toutes s'accordent à citer sans réserves leurs vertus domestiques, la dignité de leurs mœurs, l'intégrité de leur vie publique ou privée; c'est ensuite l'opinion de leurs contemporains, qui s'est toujours et hautement exprimée dans ce sens à leur sujet; c'est enfin la haine jalouse dont la gueuserie de leur temps les a constamment honorés. En général, quand les gueux vous blâment, cela va bien ; quand ils vous applaudissent, défiez-vous : vous avez dû commettre quelque méchante action qui va vous mettre à leur niveau.

On m'a objecté aussi, à un autre point de vue, qu'un fils était mal en situation pour juger ses parents : il n'a pu les connaître qu'à un âge où la maturité les avait déjà rendus sérieux et respectables ; s'il les avait cultivés plus jeunes, quand ils jetaient leurs gourmes, comme on dit, peut-être les apprécierait-il tout autrement !...

A cela je répondrai par les faits que nous avons sous les yeux.

Tout d'abord, il n'est pas vrai que la jeunesse doive nécessairement commettre des folies, ni qu'elle se trouve bien de dépenser son activité dans les orgies et les plaisirs défendus... Est-ce qu'on a jamais entendu dire cela de nos pères ? Est-ce que tous vos frères, vos cousins, qui sont à présent des hommes, n'ont pas eu dans leur jeunesse une vie correcte ? Est-ce qu'ils se sont livrés à des actes d'intempérance et d'inconduite ? Est-ce qu'ils connaissent les débauchés ? Est-ce qu'ils les fréquentent dans les mauvais lieux ? Ont-ils couru la nuit?...

Jamais. Ils se respectaient trop pour cela.

Un de vos cousins, encore enfant, répondait à ses jeunes camarades qui le sollicitaient pour entrer dans un cabaret de banlieue assez mal famé : *Oui, oui, pour que vous puissiez dire à vos parents que vous étiez avec les petits Brocard !*

Un de vos frères, âgé d'une quinzaine d'années, s'apercevant qu'un de ses condisciples des Chaprais, qui le venait prendre assez coutumièrement pour se rendre au lycée, s'amusait à jouer avec des garçons de mauvaise mine qu'ils rencontraient sur leur chemin, lui dit un jour : *Tu as là pour camarades des individus avec lesquels je ne tiens pas à faire connaissance. Désormais, mon cher, va de ton côté ; moi, j'irai du mien.*

On voit que nos petits hommes avaient déjà le sentiment de leur dignité.

Croyez-moi, cette maxime *qu'il faut que la jeunesse se passe* est une ineptie. C'est l'excuse banale des parents qu'une faiblesse coupable empêche de maintenir des jeunes gens, sans expérience de la vie, dans des habitudes de bonne conduite.

Le tout n'est pas d'engendrer et de nourrir ses enfants : l'affaire principale, c'est de les dresser et d'en faire des citoyens respectables.

Encore une fois, ce n'est pas le fatalisme, comme le croient les ignorants, qui gouverne le monde. La durée, la persistance n'appartient qu'aux fortes races qui ne compromettent ni leur réputation ni leur santé par des habitudes de paresse ou d'intempérance.

Nos parents l'ont bien compris. Faites comme eux ; et, pour durer, vous n'aurez qu'à suivre la voie qu'ils vous ont tracée.

Notre ascendance comprend :
Dans la ligne paternelle,
1° La branche masculine, PERRON ;
2° La branche féminine, GRAS.

Dans la ligne maternelle,
3° La branche masculine, BROCARD ;
4° La branche féminine, CHÉDIEU.

Nous allons examiner successivement et dans cet ordre nos quartiers patronymiques.

LIGNE PATERNELLE

———— ✳ ————

NOEL PERRON (1680-1730).

Noël Perron, maître cordonnier, marié à Marie Burillard, eut d'elle plusieurs enfants, dont quatre garçons : JOSEPH, ALEXIS, CHARLES-FRANÇOIS et JEAN-FRANÇOIS (1).

Il mourut à cinquante ans, le 22 janvier 1730.

Sa femme était morte le 15 novembre 1716, cinq semaines après avoir donné naissance à Jean-François, qui décéda lui-même à huit mois.

Noël Perron fit de ses trois fils des ouvriers de sa profession, profession qui était pour ainsi dire héréditaire dans la famille.

---

(1) « Joannes-Franciscus, filius natalis Pêrron et Mariæ Burillard, conjugum, natus die octavâ octobris; baptisatus est eâdem die anni millesimi septengentesimi decimi sexti. Ejus susceptores fuerunt Joannes Franciscus Billaud, philosophus, de Germigney, et Maria Lamy. »

Excusez! on avait pris un philosophe pour parrain! Après cela, notre maître cordonnier chaussait peut-être ce personnage.

On se demande ce que trois ou quatre cordonniers
pouvaient faire dans un village comme Broye, où les
paysans vont en sabots quand ils ne marchent pas
les pieds nus.... C'est qu'à cette époque la Franche-
Comté, pays frontière, était une province essentielle-
ment militaire. Son administration ressortissait du
secrétariat d'État de la guerre, qui y accumulait les
troupes. Aussi, dans chaque communauté où le four-
rage abondait, comme à Broye, les capitaines de ca-
valerie ne manquaient pas de cantonner des détache-
ments plus ou moins nombreux. Cette particularité
créait des besoins locaux et une consommation spé-
ciale. A tous ces cavaliers il fallait des chaussures. Et
voilà comment nos ancêtres, qui travaillaient surtout
pour la troupe, trouvaient à s'occuper.

JOSEPH PERRON dit Le Vieux (1707-1780).

Maître cordonnier, comme son père, il eut d'Anne-
Françoise Guichard, son épouse : François-Eugène
(1734), Alexis (1735), Claude-Antoine (1736), NOEL
ou Noé (1738), Louis (1740), Charles-François-Eu-
gène (1741), Anne-Claude (1743) et Joseph (1744).

Ce brave artisan fut empressé à servir tout le
monde, si j'en juge par les nombreux actes publics
où il parut comme témoin et qu'il soussigna. Sa
grosse famille ne l'empêcha point d'assister les orphelins, car il fut tuteur et curateur bien des fois ;
il parut en cette qualité au mariage d'un certain
nombre de personnes.

Il avait pour enfants une lignée d'hommes su-
perbes, et il rêva pour eux une autre destinée que
celle de confectionner ou de rapetasser de la chaus-

sure. Deux suivirent la carrière des armes, Alexis et Charles-Eugène (1), et les trois autres, Noël, Louis et Joseph, furent des laboureurs honorables et des plus notables du pays (2).

L'éducation de ces nombreux enfants témoigne en faveur des soins intelligents de leur mère. Anne Guichard était une ménagère accomplie, laborieuse, énergique, qui savait faire régner l'ordre et le bon accord dans sa maison. Ses fils et son petit-fils, mon grand-père, qui l'avait connue, en vénéraient le souvenir.

Joseph Perron décéda le 15 juillet 1780, à l'âge de soixante-treize ans.

Sa veuve, Anne Guichard, ne lui survécut que dix-huit mois.

NOEL PERRON (1738-1809).

Il se maria à vingt-six ans avec Anne-Françoise Perron, âgée de vingt-un ans.

De ce mariage sont nés : PIERRE-JOSEPH (1765), CHARLES-FRANÇOIS-ALEXANDRE (1767), MARC-ANTOINE (1769), FRANÇOIS-MARIE (janvier 1770), et MARIE-BARBE (décembre 1770). Cette petite fille et sa mère moururent le même jour, le 3 décembre 1770.

Sauf mon grand-père, Charles-Alexandre, tous ces enfants sont décédés dans le bas âge.

(1) Alexis, l'oncle Cissette, s'était exercé dès le bas âge au maniement du fleuret. Il devint un bretteur habile. Il mourut à Dole en 1779, sergent-major maître d'armes, tué en duel par un de ses élèves.

Charles-Eugène, bas officier, racolait des recrues pour son colonel. Il mourut jeune au service.

(2) François-Eugène était mort à sept ans et demi (1741), et Claude-Antoine à deux ans seulement (1738).

Noël Perron fut le premier officier municipal délégué pour tenir les registres de l'état civil de la commune. On lit en effet sur le dernier livre des actes des sépultures, baptêmes et mariages, tenu par le prêtre de la paroisse, cette annotation finale : *Le présent registre a été clos et arrêté, en vertu de la loi du 20 septembre 1792, par nous, Noël Perron, officier municipal délégué par le conseil général dudit lieu à cet effet, le 18 décembre 1792, l'an premier de la République française.....* Et la nouvelle série des actes de l'état civil, à Broye, commence sous l'administration de cet agent municipal.

Après un veuvage de douze ans, Noël Perron se remaria à Marie Vuillemenot, qui fut pour mon grand-père, comme on dit, *une bonne belle-mère.* Je n'aurais pas mentionné le fait, s'il n'était une occasion de prouver, à l'honneur de notre famille, qu'on ne s'y est pas enrichi au détriment d'autrui. Marie Vuillemenot voulait laisser, par testament, ses biens à son beau-fils; mais celui-ci refusa d'accepter cette modeste succession, qui fut laissée aux héritiers naturels de la défunte.

Noël Perron mourut à soixante-onze ans, des suites d'une chute qu'il avait faite en tombant d'une échelle sur laquelle il était monté pour ébrancher un noyer.

CHARLES-FRANÇOIS-ALEXANDRE PERRON,

SURNOMMÉ CHALIGNOT [1] (1767-1852).

A vingt-deux ans, Charles-Alexandre Perron fut uni par les liens du mariage à Anne-Jeanne-Baptiste Lefranc, âgée de vingt-un ans.

Le père d'Anne-Baptiste, ma grand'mère, était de Montmirey, où la famille Lefranc conserve encore quelques rejetons. Pierre Lefranc, de Montmirey, mort sénateur des Pyrénées-Orientales, ancien secrétaire d'Arago, était son petit-neveu.

Ma grand'mère avait deux frères et deux sœurs plus âgés qu'elle.

L'aîné, l'abbé Lefranc, était prieur d'un couvent de Bernardins, dans le diocèse d'Autun. Homme du monde, il avait été longtemps en relations d'amitié avec son évêque, Talleyrand, et il vécut dans l'intimité de quelques émigrés, pour lesquels il se ruina.

Le puîné, Joseph, était commandant des milices nationales de la commune, en 1792; il n'eut qu'un fils qui mourut à Broye, sans enfants, et une fille qui fut mariée à Jean Gras, d'Arsans, dont nous aurons occasion de parler ci-après.

Une sœur de ma grand'mère avait épousé Nicolas Moussard, de Germigney, dont sont issues les dames Quanchy.

Son autre sœur, Anne-Josèphe, est morte en l'an XII, célibataire, et âgée de quarante-deux ans.

---

(1) De *Châlin*, altération de Charles. *Châlignot* est un diminutif affectueux, comme qui dirait *petit Châlin*. On a conservé dans Broye ce sobriquet de *Châlignot* à toute la descendance de mon grand-père. On m'y appelle Alexandre *Châlignot*.

Le contrat ou traité de mariage de Charles Perron et d'Anne-Baptiste Lefranc fut passé le 13 janvier 1789, par-devant M° Guillaume, notaire à Pesmes, et célébré le même jour.

Comme ma grand'mère était une *fille de condition mainmortable,* il fut dressé, tout de suite après la célébration de son mariage, un acte par-devant notaire établissant que, « *tout en suivant son mari, comme* » *elle y était obligée par les lois divine et humaine,* elle » déclare ne pas rompre avec la communion de ses » parents, chez lesquels elle vient, après la céré- » monie, prendre son repas par-devant les témoins » qui ont signé. » Cet acte était nécessaire pour saugarder ses droits à la succession de ses père et mère.

De ce mariage sont nés treize enfants. Six étant morts en bas âge, je ne mentionnerai que les autres.

1° JOSÈPHE (1790-1851).

Elle épousa un officier d'infanterie mis à la retraite pour blessures, M. Ternet, qui habitait son petit domaine de Banne, à Sornay. Elle en eut quatre filles :

DELPHINE, mariée à Lami Solignard, de Pesmes ;

ANNE-BAPTISTE, veuve Bartholemot, de Morogne, mère de quatre enfants ;

JOSÉPHINE, veuve Sergent, de Franey, qui a deux fils ;

ADÉLAÏDE, veuve Servin, de Morogne, qui a trois fils : Alexandre, Emile et Albin, et une fille, Delphine, mariée à M. L. Gonnin, de Besançon.

2° ALEXANDRE (1791-1805).

Alexandre mourut à seize ans, dans un pensionnat de Pesmes où il faisait ses études.

3° NICOLAS (1794-18..).

Il en sera parlé plus loin.

4° VICTOIRE (1796-1843).

Elle a eu de François Oudin, son mari, deux filles :

VICTOIRE, veuve d'Hippolyte Maria, de Dampierre-sur-Salon, et dont la fille unique vient d'épouser M. Bidau ;

DELPHINE, veuve d'Hippolyte Vuillemenot, de Broye, sans enfants.

5° SOPHIE (1802-1826).

Mariée à J.-B. Poisse, de Valay, elle a laissé une fille :

SOPHIE, veuve de Claude Gin, de Broye, et mère de cinq enfants.

6° JEAN-BAPTISTE (1804-1871).

Il n'a eu de son mariage avec Anne-Claude Jandot, de Montseugny, qu'une fille :

AUGUSTINE, veuve de Charles Perron, de Broye, laquelle a eu de son mari trois filles : Joséphine, Marie et Anne.

7° ANNE-BAPTISTE (1807-18..).

Veuve d'Antoine Solignard, de Pesmes ; elle a eu de son mariage trois filles :

DELPHINE, femme de M. Jeannot, garde du génie, décédée à Besançon, sans enfants ;

AMÉLIE, mariée à M. Besson, ancien employé des tabacs, avec lequel elle habite Paris, et qui a cinq enfants ;

PÉLAGIE, veuve de M. Gadriot, notaire à Pagney, dont elle a deux fils : Amédée et Marcel.

Ma tante Solignard habite le joli bourg de Pesmes, sur l'Ognon. Elle a présentement soixante-dix-sept ans.

Eu égard à son temps et au milieu où il vécut, mon grand-père était un homme remarquable, intelligent et d'une rare énergie.

Son crâne était volumineux et couvert d'une abondante chevelure, qu'il conserva grise et fournie jusqu'à sa mort. Il avait des épaules carrées, une stature de cinq pieds six pouces et point trop d'embonpoint. Il marchait droit, fièrement cambré et le jarret tendu.

Sa face était large ; son nez, un peu épaté. Sa figure avait une expression sérieuse. On s'accorde même à dire que son air de sévérité imposait un peu de crainte à tout le monde.

Il n'était pas le premier venu. Il savait s'affranchir des vulgarités qu'on reproche à la plupart des villageois : il n'avait ni leur sans-gêne ni leur curiosité indiscrète, ce que j'appellerais volontiers leur cynisme patelin. Par exemple, si quelqu'homme du commun vous rencontre, il vous adresse carrément des questions comme celles-ci : *D'où venez-vous ? Où êtes-vous allé ?... Pour y quoi faire ?...* etc.

Non seulement ces questions sont permises, mais on croirait manquer à la politesse que de ne pas les faire, et celui qui s'en dispenserait passerait pour fier et méprisant.

Mon grand-père, pris à ce point de vue, était fier. Il dédaignait de causer avec les gens.

Il n'allait jamais non plus dans les lieux publics, de peur de s'y commettre avec les gueux qu'on est toujours sûr d'y rencontrer et dont les familiarités blessantes sont inévitables.

Il avait du reste pour principe de tenir à distance ceux dont il ne voulait pas se faire des amis, comme s'il s'était peu soucié de popularité. Aussi fut-il plus estimé des habitants de la commune, ses administrés, qu'il ne leur fut sympathique. On l'a regretté et on a fait son éloge, mais c'est surtout quand il ne fut plus là.

Voici une particularité qui dénote l'espèce de crainte qu'il inspirait. Si les garçons du village parcouraient les rues à une heure indue, comme ils le faisaient souvent autrefois, chantant à tue-tête des chansons ordurières, ils interrompaient leurs chants devant la maison du père *Châlignot*, pour les reprendre un peu plus loin.

Il avait eu pour constant adversaire, sous la république et sous l'empire, un nommé Nicolas Truchot, vieux célibataire au caractère morose, cynique de langage, ne respectant rien, ne croyant à rien, n'aimant rien. C'était ce qu'on appelait un esprit fort. *Je veux*, disait-il un jour pour se moquer du culte qu'on aime à rendre aux dépouilles des parents défunts, *je veux qu'on m'encrotte avec mon chien derrière le meix de ma maison !*

Mon grand-père, au contraire, n'aimait pas le cynisme des manières ni des expressions. Il était à peu près indifférent pour tout ce qui regarde la foi politique et religieuse ; mais il respectait les coutumes qui ne choquaient pas sa raison, et il s'y soumettait pour faire comme les autres. Il ne poursuivait de sa haine que les méchantes races. Je ne sais pas s'il croyait à la révélation des lois morales enseignées par l'Eglise ; mais, révélées ou non, il les acceptait comme vérités utiles que l'observation n'infirme pas.

Ces deux hommes n'étaient guère sympathiques

l'un à l'autre : c'était le chaud et le froid. Mon grand-père était poli et bienveillant; l'autre, le vieux sceptique, n'obéissait qu'à ses sentiments de révolutionnaire et de réformateur enragé. Celui-ci saisissait vite le côté mauvais des choses; celui-là n'en voulait voir que le bon.

On retrouve le caractère du vieux Truchot chez plusieurs de ses neveux ou petits-neveux qui sont encore au pays. Tout jeunes, ils parlent peu, ils écoutent beaucoup et ils ne sont jamais d'un avis conforme : ils n'opinent bien que si les autres opinent mal, et par opposition de parti pris.

Nicolas Truchot avait été maire dans les plus mauvais jours de la Terreur. Il avait fini par se retirer sous sa tente, vivant absolument seul sur ses vieux jours. Quand il sortait, ce qui était rare, les gamins le regardaient comme une bête curieuse. Un jour, c'était après 1830, ce vieillard se reposait au soleil, sur une borne, dans la prairie. Nous étions là une douzaine d'enfants de six à sept ans, à l'examiner curieusement. Il me distingua au milieu du groupe, et, me désignant avec son bâton : *Tu es un petit Châlignot?* me dit-il.... *Ton grand-père était un malin bougre; mais c'était un brave homme tout de même!*

Un brave homme! Jamais certes le vieux misanthrope n'avait fait volontairement un pareil éloge de quelqu'un. Pour qu'il le fît, il fallait donc que l'honnêteté de mon grand-père fût l'évidence même.

Mon grand-père avait été maire de Broye pendant vingt-quatre années consécutives. Il avait pris sans doute un peu trop d'ascendant sur les membres du conseil municipal de sa commune, auxquels on reprochait d'être toujours de son avis et d'opiner l'un après l'autre en débitant cette formule, qui est devenue proverbiale à Broye : *Çà quement dit Châlin !* Châlin a bien parlé, *benè dixit !*

Il était prompt, vif, emporté même, et il savait mal dissimuler son courroux. Orphelin de bonne heure, à trois ans, il avait à peine connu sa mère, dont les bonnes caresses auraient peut-être adouci les angles de son caractère.

Sous la révolution et bien longtemps après, il ne pouvait pas supporter les exaltés, dont les conceptions folles et impraticables répugnaient à son bon sens. Mais ce n'était pas parce qu'il avait une foi politique quelconque. Mon Dieu, non. En réalité, il n'aimait ni la République ni l'Empire.

La République ! il se souvenait trop des convoitises qu'elle avait éveillées, qu'elle pouvait éveiller de nouveau chez les gens du peuple, dont beaucoup sont envieux, présomptueux et incapables. Il me disait en 1848 : *J'ai vu commencer et finir la première République, j'aurai vu de même commencer et finir celle-ci....* Et ce fut la vérité.

Quant à l'Empire, il lui avait coûté assez cher pour qu'il en fût dégoûté. Il n'appelait jamais Napoléon que *Bonne-Attrape !*

En 1813, les levées ordinaires ou extraordinaires se succédaient. Mon grand-père, pour exempter son fils Nicolas, âgé de moins de dix-neuf ans, avait été obligé de fournir deux remplaçants qui figuraient simultanément sous les drapeaux. On se croyait quitte. Mais, à la création de la jeune garde, le remplacement pour ce corps n'étant pas admis, son fils Nicolas fut invité à se rendre à Vesoul pour y être enrégimenté.

On l'équipa du mieux qu'on put. On lui fit faire des habits d'uniforme. On lui acheta une monture de

200 écus. Puis on l'accompagna à cheval jusque bien loin, plus loin que Gray.... La séparation était difficile. Mais voici qu'on rencontre un cabriolet. C'était M. le sous-préfet. *Tiens, où va le maire de Broye?* — *J'accompagne mon fils qui rejoint son corps à Vesoul.* — *Peuh!* fait M. D.... — *A ma place,* demande mon grand-père, *que feriez-vous?* — *Moi? je retournerais,* murmure en s'en allant le digne fonctionnaire.

Ainsi fut fait; et voilà comment mon père n'a pas été pris dans la grande débâcle de 1813.

Mon grand-père ne cherchait pas à cacher ses mauvais sentiments : on aurait dit, par contre, qu'il cherchait à cacher les bons.

Ma grand'mère était morte en lui laissant quatre ou cinq orphelins en bas âge. C'était une femme douce, soumise, dévouée à son mari et à ses enfants. Pour ne pas faire ostentation de son deuil, comme tant d'autres, il n'en parlait jamais. Il se bornait à faire prier chaque soir pour le repos de son âme.

Son fils aîné, mon oncle Alexandre, qu'il aimait tendrement, était mort à Pesmes où il faisait ses études ; ce fut un grand chagrin pour la famille. Mon grand-père évitait de tenir la conversation sur ce sujet. Il conservait comme souvenir de cet enfant un violon, qui resta près de cinquante ans suspendu dans son armoire. J'ai surpris bien des fois le pauvre vieux père qui contemplait avec attendrissement sa chère relique. Si, étonné de son absence, je quittais la table, comme un enfant curieux, pour voir ce qu'il faisait, il se hâtait de refermer son armoire, en disant : *C'est le violon de ton oncle Alexandre !* Et c'était tout.

Est-ce que les événements politiques de la fin du XVIIIe siècle avaient vraiment donné une trempe particulière à la génération de ce temps-là ? On le croirait presque. Le fait est que ce vieux maire de Broye avait une sévérité, une correction de tenue qui n'était pas ordinaire. Son air imposant et la gravité de ses manières lui valurent d'être considéré et respecté par les officiers autrichiens avec lesquels il fut forcément en rapport pendant les deux invasions. Et il sut mettre à profit cette considération méritée pour rendre à ses administrés bien des services, pour leur épargner surtout les avanies et les mauvais traitements.

C'est ainsi qu'il sauva de la schlague son ennemi politique le plus déclaré, Nicolas Truchot, qui avait grossièrement injurié des officiers logés sous son toit.

Voici un épisode que je lui ai entendu raconter plus d'une fois sur la première invasion.

Il avait chez lui tout un état-major autrichien. Un jeune officier, qui s'exprimait assez bien en français, lui demanda s'il connaissait à Malans un ancien militaire du nom de Pierre B... Sur sa réponse affirmative : *Pourriez-vous, Monsieur le bourgmestre, m'y faire conduire ? — Comme je dois demain me rendre à Pesmes*, répondit mon grand-père, *je vous accompagnerai moi-même en voiture jusqu'à Malans.*

Le lendemain, de bonne heure, on se mit en route. L'officier paraissait préoccupé et ne disait mot. Ce silence était de mauvais augure. Comment cet Allemand connaissait-il Pierre B. ? Que pouvait-il bien lui vouloir ?

On trouva Pierre B. chez lui. Il pâlit devant l'étranger qui l'interrogeait. Son identité bien établie, sur un ordre de l'officier, il fut appréhendé par des soldats, dépouillé de ses vêtements, attaché sur une roue de

2

voiture et fouetté jusqu'au sang. Il serait mort sous les coups sans l'intervention tour à tour indignée et suppliante des personnes présentes.

L'Autrichien raconta alors que cet indigne Français, chef d'un petit détachement cantonné dans son village, en Moravie, s'était odieusement conduit dans la maison de sa mère, où on l'avait accueilli plutôt comme un protecteur que comme un ennemi. « J'étais » alors, disait-il, à l'université ; j'ai juré de me faire » soldat pour venger ma famille et punir ce misérable » comme il le méritait. »

Il s'était tenu parole.

Le grand-père Perron était un homme clairvoyant, d'un jugement droit, moralement supérieur aux gens de sa classe et de son milieu, et qui faisait figure dans la plus honorable bourgeoisie. On ne pourrait pas dire cela de tout le monde.

Il y avait à Broye un recteur d'école, le père Félin, qui enseignait la lecture, l'écriture, un peu d'arithmétique et le plain-chant aux enfants des deux sexes. La commune lui servait un traitement annuel de 200 livres ; c'était quelque chose dans ce temps-là. Il avait en outre un petit logement et la jouissance d'un grand jardin. Puis il touchait des parents, pour chaque élève, une modique rétribution de 20, 25, 30 et 35 centimes par mois. Dans une délibération du 18 pluviôse an XIII, mon grand-père fit décider par le conseil que cette promiscuité des enfants des deux sexes prendrait fin en suite de la création d'une école de filles qui serait tenue par une institutrice. Et cette création fut définitive.

En fait de mœurs, à la campagne, on a des habitudes étonnantes. On laisse s'établir entre filles et garçons des fréquentations de longue durée, sous prétexte qu'avant de se marier il faut apprendre à se connaître. Quoique les entrevues des amoureux ne se passent pas toutes, à beaucoup près, sous les yeux de leurs parents, ceux-ci ne semblent pas se douter des inconvénients et des dangers que peuvent entraîner de pareilles relations. C'est archi-bête ; mais enfin c'est admis par l'usage qu'une jeune fille n'est pas déshonorée pour avoir été courtisée par son voisin ni pour lui avoir *parlé*, comme on dit, pendant des années. Mon grand-père n'a jamais toléré pour ses enfants ces intimités compromettantes. Il avait bien trop d'esprit de sagesse pour cela.

Il ne voulait même pas que nous eussions des accointances avec les enfants mal élevés. *On ne doit pas*, nous répétait-il souvent, *fréquenter plus bas que soi !* Et ses injonctions ne souffraient pas de réplique.

Il nous interdisait pareillement la société des gens qui ont l'âme et le cœur aigris.

Croyait-il à la contagion des mauvais sentiments ? En tout cas, il n'ignorait pas que les mauvaises manières se communiquent.

Le bon sens réglait ses jugements et ses actes. Il considérait le vice et la maladie comme un résultat ordinaire de l'inconduite ou de l'hérédité : voila pourquoi il redoutait tant pour les siens les mauvais exemples et les unions malsaines. C'est grâce, croyait-il, aux précautions d'hygiène et d'élevage qu'on écarte les drames de sa famille.

Des drames ! il n'y en a jamais eu dans la nôtre. Guidés par un grand fonds de sens commun, nos pères ont eu comme une intuition traditionnelle de ce qu'il faut faire pour élever et pour améliorer leur race. En semeurs prévoyants, ils ont choisi la bonne graine et ils ont préservé avec un soin méticuleux leur descendance des conjonctions suspectes.

Mon grand-père n'aurait pas accepté volontiers pour gendres ou pour brus les produits d'une famille tarée, si accomplis et si irréprochables qu'ils pussent être personnellement. Il aurait craint de voir réapparaître chez ses petits-enfants les tares de la famille. Le fils d'un scrofuleux ou d'un maniaque peut être assurément bien portant ; mais en général il doit être tenu pour suspect.

Le point de départ des qualités sociales et des vertus domestiques, c'est la mère. On remarquera que dans toutes les lignes de notre ascendance, chez les Brocard comme chez les Perron, chez les Gras comme chez les Chédieu, nos ancêtres ont su la bien choisir. A cet égard, ils ont eu du flair ou la main heureuse.

Je crois que c'était du flair.

J'en reviens à mon grand-père.

Veuf de très bonne heure, il ne s'est pas remarié. Il avait à son service une parente éloignée, Thérèse Blanc, qu'on appelait quelquefois dans le village *la vieille demoiselle,* parce qu'elle allait rarement au soleil. Cette brave domestique, pendant près de cinquante ans, dirigea le ménage du grand-père avec un réel dévouement. M'ayant élevé tout petit, elle avait pour moi les faiblesses et l'affection d'une mère. J'étais à Metz, en 1847, quand elle mourut. Elle voulait à toute force me faire héritier des quelques parcelles de terre qu'elle possédait. Mais mon grand-père, par un sentiment d'honorable délicatesse, s'y opposa formellement. « Que voulez-vous, lui dit-il,

» qu'Alexandre fasse de vos champs? Vos parents
» sont pauvres, ils en ont plus besoin que lui. » Et la
succession de la vieille fille tomba comme de juste à
ses héritiers naturels. Mon grand-père avait déjà, si
l'on s'en souvient, refusé pour lui-même la petite succession de sa belle-mère.

Il n'a jamais cherché à s'enrichir avec les dépouilles
d'autrui. Il aurait pu, lui aussi, se rendre acquéreur à
vil prix des biens nationaux mis en vente à Pesmes
ou dans sa commune; mais il laissa sans regret cette
aubaine à d'autres, estimant qu'une tradition d'honneur vaut bien autant pour une famille que des terres
au soleil.

Ce n'est pas l'avis de tout le monde.

Il était robuste de corps.

Je ne l'ai jamais entendu se plaindre que de maux
de dents. Quoiqu'il fût affligé d'une hernie, accident
commun chez les paysans, sa santé générale n'en fut
jamais altérée.

Il était très sobre; mais il mangeait bien, quoique
un peu vite. Contrairement aux habitudes de la campagne, il n'aimait pas les longs dîners. Aussi, aux
repas de boudin ou de fête, se retirait-il de bonne
heure, souvent bien avant tous les autres convives.

On faisait une petite provision de boucherie à
Pesmes, le samedi, pour toute la semaine. Cette provision comprenait invariablement, outre le pot-au-
feu, un gigot et du gras-double avec du sang de mou-
ton coupé par tranches. On mangeait le gigot farci
d'ails le dimanche, on le servait froid le lundi, et on
en faisait un hâchis ou des boulettes pour les jours
suivants : on n'en voyait pas la fin !

A midi, on servait régulièrement à sa table une

décoction de café clarifiée avec de la peau d'anguille.

Doué d'un heureux appetit, mon grand-père trouvait bon tout ce qu'il mangeait. Etait-ce du poisson ou de la volaille qu'on lui avait servi ? il disait avec conviction : *Ma foi, ceci vaut décidement mieux que la pitance de tous les jours !...* Etait-ce du manger blanc, des haricots, des raves ou des salsifis ? *Bah ! bah ! cette fricassée est aussi bonne que de la meurette. Qu'en dis-tu ?...* Etait-ce son bœuf bouilli qui avait mitonné à petit feu, dans un pot de terre ventru, pendant des heures devant la braise sans discontinuer ? *Tiens, c'est encore de ceci qu'on se lasse le moins,* etc.

Nature heureuse et saine, il était toujours gai, chantonnant ou fredonnant des chants d'église, des hymnes, des cantiques ou quelques airs patriotiques, comme le chant des Girondins.

Il posséda jusqu'à la mort l'usage de tous ses sens, et il conserva une intelligence très lucide.

Il fut sujet dans les dernières années de sa vie à des accès de catarrhe pulmonaire très opiniâtres.

Il disait quelque fois : *Je désire que la maladie qui doit m'emmener ne me fasse pas trop longtemps souffrir.* Ce vœu n'a pas été exaucé. Mon grand-père, pendant près d'une année, fut en proie à des suffocations nocturnes extrêmement pénibles. On peut dire que son agonie a duré des mois.

Il décéda en mai 1852, à l'âge de quatre-vingt-cinq ans.

NICOLAS PERRON (1794).

Mon père épousa Anne-Françoise Gras, d'Arsans, le 7 janvier 1822.

De ce mariage sont nés huit enfants :

1° MARGUERITE (1823).

Cette enfant est morte en très bas âge.

2° CHARLES-FRANÇOIS-ALEXANDRE (1824).

Le docteur Perron se maria le 6 décembre 1854, à la mairie de Besançon, avec Marie-Joséphine-Eugénie Brocard. De ce mariage sont nés :

LAURE (1856), femme de Célestin Bobillier, lieutenant d'artillerie au 25ᵉ régiment, à Châlons-sur-Marne. M. et Mᵐᵉ Bobillier ont actuellement trois enfants : MAURICE, THÉRÈSE et EUGÉNIE.

MARIE (1857) ;

CHARLES (1858), substitut du procureur de la république à Lure (Haute-Saône) ;

FANNY (1859) ;

EMILIE (1860) ;

EUGÈNE (1863), maréchal des logis fourrier au 2ᵉ d'artillerie, à Grenoble ;

XAVIER (1866), facteur de 1ʳᵉ classe à la gare de Besançon.

3° CHARLES-AUGUSTE (1825).

Marié à Virginie Bardy, de Broye, en 1854, il a eu d'elles trois fils :

AUGUSTE, marié à Marie Oudin, de Broye ;

CHARLES, marié à Marie Chautemps, de Montagney;

THÉOPHILE.

4° JEAN-CLAUDE (1827).

Cet enfant mourut à sept ans et demi, de fièvre cérébrale, après huit jours de maladie.

5° VICTOIRE (1830).

Mariée à François Gin, de Broye, elle en a eu cinq enfants :

MARIE, femme de Théodule Mathieu, de Broye, mère de deux petites filles, MARIE-JOSÈPHE et ANNE ;

STÉPHANIE, femme de Théophile Canaux, de Broye ;

SOPHIE ;

CHARLES, désigné, en 1884, pour la marine par suite du tirage au sort. Il a ramené le n° 1 de son canton ;

AUGUSTE, mort à trois ans et demi, par suite d'accident. Cet enfant était tombé dans une marmite d'eau bouillante.

6° SOPHIE (1834).

Célibataire, elle dirige la maison paternelle depuis 1860, époque du décès de notre mère.

7° JULES (1836).

Marié à Caroline Fanet, de Broye, Jules en a eu quatre enfants :

JULES, qui s'est noyé à douze ans en se baignant dans l'Ognon ;

MARIE ;

AUGUSTE ;

ELISA ;

8° EMÉLIE (1840).

Ma sœur Emélie est mariée à Claude-Etienne Marmier, de Choye.

Nicolas Perron avait remplacé son père comme percepteur de la commune de Broye-lez-Pesmes. Plus tard il fut appelé à la perception d'Aubigney et de Sauvigney, à la mort du titulaire, M. Perrin. Il finit par remettre cette charge à son cousin, M. Bressand, de Chevigney, pour se livrer exclusivement à l'agriculture.

Mon père était d'une taille plus élevée que l'ordinaire. Quoique sec et maigre, il se portait et il se porte encore parfaitement bien. Son teint clair, un œil souriant, le coloris de ses joues et de ses oreilles, décelaient ses goûts d'épicurien. C'était un bon vivant, qui aimait la société de ses amis et qui les invitait souvent. Si ma digne mère n'avait pas mis bon ordre à cela, les écornifleurs et les parasites auraient rempli notre maison.

Il avait le caractère facile et il était heureux d'obliger. Serviable à tout le monde, il laissa souvent sa besogne pour s'occuper de celle d'autrui. Sa bonté et sa complaisance étaient infinies. Il portait cela écrit sur sa figure. Pour ne pas gêner un brave homme qui aurait été son débiteur ou son obligé, je crois qu'il se serait détourné de son chemin.

On aurait dit qu'il aimait mieux pour les autres que pour lui-même, tant il éprouvait de plaisir à donner. Dans les partages de la famille, il se serait dépouillé volontiers, si ses frères et sœurs ou ses enfants l'avaient un peu sollicité. Il aurait donné, comme on dit, sa dernière chemise. Il avait toujours trop pour lui.

Mon grand-père avait une tout autre manière de voir. *Il est bon*, répétait-il, *que les enfants dépendent de leurs père et mère, et non ceux-ci de leurs enfants.*

Cette divergence de sentiment peut donner lieu à

une interminable discussion. Il y a à cet égard du pour et du contre. Pour moi, j'estime qu'en ceci mon père était supérieur à mon grand-père. L'abnégation des parents vis-à-vis de leurs enfants, s'ils sont cupides et sans dignité, peut être imprudente, dangereuse même ; elle dénote, si l'on veut, que ces parents manquent de perspicacité ; mais elle n'en est pas moins de leur part une preuve de désintéressement, d'estime et d'affection. Des sentiments pareils sont toujours honorables. On ne pourrait pas en dire autant de la prudence, de la prévoyance égoïste de certains parents.

Si le bonheur résulte ici-bas d'une conscience tranquille, honnête, animée des meilleurs sentiments, on peut être sûr que mon père a été un homme heureux.

La fatalité voulut que par deux fois ce brave homme endossât l'impopularité du régime monarchique et qu'il devînt, dans son propre village, le bouc émissaire des péchés reprochés au gouvernement.

Quand la république fut proclamée à Paris, en 1848, il était investi des fonctions de maire. Une troupe de mauvais sujets, qui se croyaient tout permis, surexcités par la boisson et peut-être aussi par un vent révolutionnaire qui soufflait sur le monde, se promenaient en chantant toutes les nuits et en vociférant contre le maire, contre ses amis, contre une administration autoritaire, etc. Mon père, dans cette circonstance, prouva que la bonté chez lui n'excluait pas la fermeté. Il tint tête à l'orage. Il sut rassurer les gens paisibles, imposa silence aux braillards et rétablit l'ordre dans sa commune.

En 1870, maire de l'empire, il fut de nouveau en

butte aux menaces des ennemis de notre famille, toujours les mêmes. Toutefois, comme l'occupation allemande était la plus grosse affaire en ce temps là, cela fit diversion à la haine qui animait certains citoyens, et mon père eut moins à lutter qu'en 1848 contre l'esprit de désordre. Du reste, les gueux n'étaient pas fâchés de le laisser se débrouiller avec les Prussiens : ils auraient toujours le loisir de l'invectiver après.

On a accusé mon père d'être un bonapartiste. La vérité, c'est qu'il ne se passionnait ni pour ni contre aucun régime. Il ne souhaitait rien tant que l'ordre et le bien public, la tranquillité dans les rues et la paix dans les maisons. En un mot, il aimait un bon gouvernement.

Mon père est encore valide à quatre-vingt-dix ans.

Il vit entouré des soins d'une sainte fille, ma sœur, qui a jusqu'ici dévoué sa vie au service de tous ses parents. Il n'a pour toute infirmité qu'une cataracte, malgré laquelle il voit assez pour se conduire. Il va et il vient par la maison et dans le village, visite ses enfants et ses petits-enfants, fabrique à temps perdu le bois de chauffage dont il approvisionne le four et la cuisine.

Tous ses sens, sauf la vue, sont parfaits.

Comme son père, il n'est asservi à aucune habitude mauvaise.

Ses petits-enfants et ses arrière-petits-enfants viennent tous les jours lui rendre leurs devoirs au sortir des classes...

Puisse ce vénérable et bon père nous être conservé encore longtemps.

GÉNÉRALITÉS SUR LES PERRON

Depuis plus de deux cents ans, mon ascendance paternelle n'a cessé d'habiter Broye-lez-Pesmes, en Franche-Comté.

Ce riche et beau village, situé au confluent de la Saône et de l'Ognon, fait pointe dans le pays des Bourguignons, dont il est séparé par ces deux rivières. Aussi, avant la construction d'un pont tout moderne sur l'Ognon, en 1883, il n'avait pour ainsi dire pas de relations d'affaires avec les villages de Bourgogne, aucun chemin vicinal ne le reliant à Cléry, à Perrigny, à OEilley ou à Talmay, qui en sont à peine distants de deux, trois et quatre kilomètres, à vol d'oiseau.

On ne passait pas à Broye, on y allait.

Broye est donc resté franc-comtois. On y a conservé les mœurs un peu austères, l'amour du travail, la simplicité, et cette méfiance singulière qui caractérisait notre province avant son incorporation à la France.

Peu enthousiastes par nature, nos gens de Comté n'ont pas les allures bruyantes, la hardiesse un peu effrontée ni l'esprit entreprenant de leurs voisins d'outre-Saône : leurs qualités sont une certaine timidité apparente, la circonspection et l'économie, pour ne pas dire la parcimonie.

Ceci soit dit pour excuser ma famille de la réserve de son tempérament et du prosaïsme de ses goûts.

La plupart des membres de notre lignée paternelle étaient d'une taille assez élevée.

Je ne sache pas qu'il y en ait eu de contrefaits ni d'infirmes à un degré quelconque. Un de mes oncles avait une légère claudication, par suite d'une fracture de cuisse survenue dans une chute de cheval qu'il avait faite étant enfant ; encore, ne s'en apercevait-on que difficilement, et il ne fut pas pour autant exempté du service militaire, puisqu'il fournit un remplaçant à l'Etat en 1825.

Je ne connais pas de maladie particulière à laquelle nos pères ou nos oncles aient été prédisposés. Ils jouissaient d'une bonne santé, c'est-à-dire d'une santé normale.

Beaucoup sont morts à un âge avancé. Ceux qui sont morts jeunes, comme Alexandre, ont succombé à des affections aiguës qui n'ont rien d'héréditaire.

Trois sur quatre de mes grand'mères sont mortes à la suite de l'enfantement. Une de mes tantes, Sophie, est morte aussi suite de couches. Une autre, Josèphe, avait une tumeur abdominale qu'on attribuait au traumatisme et dont elle est morte à plus de soixante ans. Une autre enfin, Victoire, névropathique, avec une paralysie incomplète des membres inférieurs, est morte à quarante-huit ans, par conséquent à l'âge critique.

A l'approche de la cinquantaine, comme à l'âge du développement sexuel, l'économie vivante est dans un état d'inquiétude physiologique. Ce n'est pas un état morbide ; mais ce n'est déjà plus un état de pleine santé. A ces heures de la vie on a besoin de ménagements et d'un régime particulier.

Une de mes sœurs, Victoire, après une grossesse tardive, fut prise, à l'âge de retour, d'hémiplégie, puis d'une hydropisie générale. Pendant près d'une année, on la considéra comme vouée à une mort certaine.

Elle fut peu médicamentée. Les soins intelligents qui lui ont été prodigués, une alimentation substantielle donnée en petite quantité, mais souvent, du vin amer à profusion, etc., l'ont tirée d'affaire. Elle a aujourd'hui cinquante-quatre ans, et elle se porte à merveille.

Nous verrons ci-après — Brocard — un autre exemple de ce que valent le régime et le repos pendant la formation des jeunes gens.

Voilà pour ce qui regarde la santé physique de nos parents.

Quant à la santé morale, leur caractère prédominant était un grand sentiment d'amour-propre, le sentiment profond de leur dignité personnelle. Ce sentiment n'est pas le propre des races supérieures, j'en conviens : il touche de trop près à l'égoïsme. Mais quand l'amour-propre, comme dans l'espèce, s'applique à des choses élevées, il n'est pas à dédaigner non plus : il maintient ceux qu'il inspire dans les voies de la droiture et du vrai bien, dans la poursuite de ce qui est beau, de ce qui est bon, de ce qui est juste.

Nos ascendants paternels se défiaient des innovations. Sauf meilleur avis, les excentricités les choquaient.

De père en fils, nous aimions la gaiété et les chansons. Nous avions assez le sentiment musical pour sentir les beautés des chants religieux, des hymnes et des proses, et on ne se faisait pas faute d'en répéter des morceaux. Que voulez-vous ? ce sont là les seules joies artistiques qui soient permises aux villageois.

Il semble que chez nous, on ne soit esclave de rien, pas même de ses habitudes : on n'en contracte que pour s'exercer ou s'en défaire. On ne fume même pas dans nos familles. Je n'y connais pas un ivrogne.

Autant que d'autres, je le crois, on a chez nous le goût des plaisirs et des jouissances ; mais on ne s'y livre pas au point de leur sacrifier sa dignité, sa respectabilité, comme cela arrive aux gens mal équilibrés et qui n'ont pas la santé complète.

Je prétends en effet que la santé morale n'est qu'un des facteurs de la santé générale, et que les familles malsaines au physique risquent fort de l'être autrement, en vertu de ce que nous appelons en médecine la loi des transformations morbides.

Qu'est-ce que ces transformations morbides ?

C'est qu'un scrofuleux ou un phtisique est susceptible d'engendrer autre chose que la phtisie ou la scrofule ; c'est qu'un alcoolique, qui donne naissance à des épileptiques, peut donner pareillement naissance à des vicieux de caractère, à des rachitiques et à des fous.

Les difformités morales, comme les difformités physiques du reste, ne se transmettent pas toujours identiquement du père à ses enfants. Chez l'un, la transmission s'effectue sur un organe comme le cerveau ou les poumons ; chez l'autre, elle affecte le caractère, le jugement, etc.

Chez nous, je le répète, la santé est entière. Elle n'est pas supérieure à celle de beaucoup d'autres, mais j'affirme qu'elle n'a pas de tare héréditaire.

JEAN GRAS (1724-1788)

Nos grands-parents Gras étaient d'honorables cultivateurs d'Arsans, au bailliage de Gray.

Jean était fils de François Gras, laboureur, et d'Elisabeth Raillard.

De sa femme, Etiennette Poisse, de Valay, Jean Gras eut deux enfants, une fille, ELISABETH, et un fils, CHARLES, mon grand-père.

Elisabeth, née en 1754, fut mariée à Claude-Antoine Laire, de Vadans.

Mon grand-oncle Laire était le frère d'un religieux minime, François-Xavier, très distingué par ses connaissances bibliographiques. Le cardinal de Loménie avait employé le Père Laire dans sa magnifique bibliothèque. « Laire était versé dans l'histoire » littéraire, dans la science des médailles, dans » l'étude des antiquités. Il fit plusieurs fois le voyage » d'Italie. Il était lié avec les hommes les plus célè- » bres, tels que Barthélemy, Capperonnier, Mercier, » l'abbé de Saint-Léger, etc. (1). » On a de lui plusieurs ouvrages de bibliographie, notamment l'*Origine du progrès de l'Imprimerie en Franche-Comté.*

---

(1) *Dictionnaire universel* de John Watkins.

La tante Laire eut trois enfants, Mme BRESSAND, de Chevigney, Mme BELVAUX, de Vadans, et JEAN LAIRE, qui tous ont laissé de nombreux rejetons. Mais cette parenté, très honorable et justement considérée dans le pays, n'a conservé que de loin en loin des relations avec ses collatéraux d'Arsans. Cependant Xavier Laire, fils de Jean, père de plusieurs enfants, a tenu à entretenir avec les nôtres, tant qu'il a vécu, des rapports de bonne affection.

Jean Gras mourut à Arsans, le 6 octobre 1788, à l'âge de soixante-quatre ans.

CHARLES GRAS (1758-1819).

Le mariage de mon grand-père Charles Gras et de Marguerite Lambert fut célébré le 7 février 1780. Ma grand'mère était fille de feu Antoine Lambert, laboureur d'Arsans, et de feu Pierre Juif, de Noiron.

De ce mariage sont nés dix enfants. Trois étant morts en bas âge, je ne parlerai que des autres.

1° ELISABETH (1781-1840).

Mariée à Luc Jarrot, de Chantonnay, elle eut un fils unique, JEAN-CLAUDE, qui a laissé de sa femme, FÉLICITÉ DARD, de Cresancey, deux enfants :

MAXIMIN, marié à Marie Berthet, de Germigney, ayant quatre enfants, Camille, Anatole, Joséphine et Edith ;

ANAÏS, mariée à Francis Brusset, de Charcenne, ayant deux enfants, Henri et Jeanne.

2° CLAUDINE (1783-1854).

Ma tante Claudine, mariée à Claude-François Petitpain, d'Onay, resta veuve de bonne heure avec sept orphelins presque tous en bas âge. Cette excellente femme éleva sans bruit sa grosse famille. De ses sept enfants, quatre seulement ont laissé de la postérité.

Anne-Claude, mariée à Nicolas Clerc, de Velesmes, a laissé un fils.

Mᵐᵉ Clerc était ma marraine.

Françoise, mariée à M. François Trépy, de Choye, lui a donné trois enfants : une fille, Jeanne-Claude, et deux fils, Francis et Augustin. Ces deux fils sont entrés l'un et l'autre dans les ordres. Le premier, l'abbé Francis, est curé de Fouvent-le-Haut, et le second, l'abbé Augustin, est vicaire des Chaprais, à Besançon.

François a épousé Thérèse Martinot, de Velesmes, dont il a eu deux enfants : Marie, aujourd'hui femme de M. Louis Millot, d'Hugier, et Isaïe, marié à Mˡˡᵉ Henry, de Bard.

Jeanne-Claude est morte jeune, laissant à son mari, M. Gaspard Martinot, de Velesmes, sept enfants en bas âge.

3° MARGUERITE (1788-1872).

Ma tante Marguerite avait épousé Antoine Truchot, de Valay, dont elle eut deux enfants, Françoise et Philippe.

Philippe mourut accidentellement d'une chute, à l'âge de vingt ans.

Françoise, mariée à M. Billottet, a eu aussi deux enfants : un fils, Edouard, marié à la Malachère, et une fille, Anna, femme du docteur Pinguet, de Choye.

4° JEAN (1791-1879).

Jean Gras prit pour femme Anne-Antoine Lefranc, de Broye, nièce de ma grand'mère Perron. Il en eut deux enfants, Auguste et Sophie.

Auguste, marié à Thérèse Cambet, de Bard, n'a laissé qu'un fils, Anatole, qui a épousé Marie Duprel, de Bard, dont il a deux enfants, Célina et Maurice.

Sophie, femme d'Alexandre Gabiot, de Valay, a laissé deux enfants, Eugénie et Charles. Eugénie est veuve de M. Morel, d'Ancier, dont elle a eu un fils et une fille, Eugène et Marie. Charles Gabiot, aujourd'hui notaire à Pesmes, a épousé Antoinette Duprel, de Bard, de laquelle il a une fille, Sophie, et un fils, André.

5° FRANÇOIS (1793-1813).

Conscrit de 1813, François Gras fut incorporé dans le train des équipages et envoyé en Allemagne. Il fut tué à la bataille de Leipsick. Il avait à peine quelques mois de service.

6° FRANÇOISE (1799-1861).

Il sera parlé ci-après de ce que fut ma mère.

7° ANNE (1801-1830).

Ma tante Anne, mariée à Jean-Claude Poisse, de Valay, a laissé trois filles, Anne-Claude, Florentine et Elise.

Anne-Claude, mariée à l'officier Bouvard, de Valay, lui a donné un fils, Joseph, et deux filles, Marthe et Laure. Cette dernière est mariée à M. Mathieu, de Broye.

Florentine, femme de M. Seguin, de Valay, a laissé deux filles, Marie et Augustine.

Elise, épouse de l'architecte Jannot, de Valay, est morte de la fièvre typhoïde en même temps que sa fille unique, Isabelle, en 1874.

GÉNÉRALITÉS SUR LA FAMILLE GRAS

Je ne sache pas de famille plus digne que celle des Gras, d'Arsans, ni de plus noble, si la vraie noblesse réside dans la délicatesse et dans l'élévation des sentiments.

Dans cette famille, ils étaient largement hospitaliers, simples et distingués, bienveillants et polis vis-à-vis de tout le monde. Ils ne voyaient rien de plus beau que l'exploitation du sol, rien de plus indépendant ni de plus honorable que la profession de laboureur. Laboureur je suis, laboureur je reste : telle a été leur devise constante.

Riches et bien considérés, ils pouvaient user des relations qu'ils avaient dans la société pour sortir de leur condition... Ils ne l'ont jamais voulu. Un des derniers survivants des Gras, Anatole, aujourd'hui officier dans la réserve de l'armée active, après avoir tâté quelque temps des professions libérales, n'a pas hésité à reprendre la charrue.

Le type le plus accompli de cette forte race, c'était mon oncle Jean, qui vivait encore en 1879.

Jean Gras avait cinq pieds huit pouces. Sa tête expressive, ombragée à quatre-vingt-huit ans d'une forêt de cheveux gris, se dressait avec aisance sur un torse d'athlète. La parole chez lui était brève, originale, à l'emportepièce; mais sa voix était caressante, et ses yeux, surmontés d'épais sourcils, avaient une tendresse inexprimable.

Il avait assez souvent à sa table des gentilshommes des environs et quelques riches bourgeois venus pour chasser ; il recevait aussi parfois, comme maire de son village à perpétuité, les autorités administratives de l'arrondissement et du canton. Toutes ces réceptions se faisaient avec aisance, beaucoup de cordialité et une convenance parfaite.

Mon oncle n'aimait pas à parler français. Il était moins habitué à manier cette langue que son patois d'Arsans. Ses idées parfois auraient pu choquer certains préjugés, mais on voyait bien qu'elles partaient d'un cœur sans détours; et, exprimées en patois, elles étaient plaisantes. On ne pouvait vraiment pas, avec la candeur admirable et la bonhomie qui caractérisaient Jean Gras, se fâcher de ce qu'on aurait peut-être considéré comme des indiscrétions de la part d'un autre.

Un jour, à table, il s'était avisé de faire l'éloge des félicités conjugales devant un jeune homme, son voisin de gauche, qui venait de prendre femme à Gray : *Aimâ bin voute fanne*, lui disait-il, — *é n'y ai pas de pu grand bouheu su terre!...* Puis, s'apercevant qu'un sujet de conversation pareille devait ne pas amuser beaucoup un prêtre de sa connaissance qu'il avait pour voisin de droite : *Vous ne sâtes pas ce que ço que d'aimâ, mon poûre aimi*, lui dit-il?... *Las moi! i n'airoue point vouillu de voute état !*

Il était excentrique et amusant.

Arsans est une petite commune rattachée pour l'exercice du culte à la paroisse de Lieucourt. Chaque année, quand la procession des Rogations avait parcouru le village d'Arsans, son point *terminus*, les processionnants ne manquaient pas de faire une halte chez Jean Gras. On déposait pour un moment les cierges, la croix, les bannières et autres accessoires, et on entrait à sa maison pour s'y rafraîchir, prendre un café ou un verre de vin blanc ; puis, cela fait, la cérémonie réconfortée reprenait sa marche vers le clocher de Lieucourt.

Jean Gras avait des locutions typiques. Sans être un épicurien, il ne dédaignait pas les bons morceaux ni les libations un peu prolongées, quand surtout le repas était assaisonné d'une causerie entre amis. Il appréciait fort la compagnie des gens comme il faut ; mais il leur reprochait de manger trop vite. Il s'en plaignait, cela le gênait. Il me disait un jour à ce propos, en parlant de M. de Noiron : *El ai aussi vîte fâ de maingie, qu'in chin de sautâ enne souet.* « Il est aussi expéditif à manger qu'un chien à sauter une haie... »

A un âge avancé, mon oncle était devenu dur d'oreille, un peu sourd, *in pou loudié ;* il souffrait aussi d'une hernie difficile à contenir, etc.; tout cela l'attristait. La tristesse est bien près de l'injustice. Quand cet excellent vieillard apprenait qu'un jeune homme était mort, et lorsqu'il entendait autour de lui déplorer ce décès prématuré : *Bah ! bah !* disait-il, *las jeunes sont aussi bon de meuri que las veîlles !...* S'il entendait sonner le glas d'un homme de son temps, sa hernie le faisant souffrir, il se mettait au lit : *Voilai enco enne pieume de mas aules que s'en vai !* C'est une plume de mes ailes qui s'en va.

Ma mère était la digne sœur de cet homme antique et déjà légendaire avant sa mort.

Tant qu'elle vécut, notre maison à Broye fut pleine d'étrangers, pauvres et passants, qui demandaient à coucher, n'ayant pas le gousset assez garni pour recourir aux auberges du village. Cette femme charitable avait toujours vu, chez ses parents d'Arsans, pratiquer l'hospitalité de cette manière; elle y tenait. On accueillait chez nous tout venant qui avait besoin d'abri et de réconfort. On logeait gratis et on trempait souvent la soupe par-dessus le marché.

C'étaient des mendiants âgés, des montreurs d'images saintes et des diseurs de bonne fortune ; c'étaient des camps-volants et des vanniers, que les oseraies des bords de l'Ognon attirent dans la belle saison ; c'étaient les mariniers descendant la Saône, qui rentraient chez eux haut-le-pied ; c'étaient les râcle-cheminées, les magnins, les rapetasseurs ambulants, etc.; c'étaient encore d'honnêtes merciers de passage, des colporteurs ou porte-balles qui venaient de la Bresse ou de la Savoie pour vendre aux gens du village de la tresse, du fil et des aiguilles, des savons à barbe, des ciseaux, des rasoirs et des almanachs....

Les porte-balles faisaient notre joie. Enfants, nous avions du plaisir à les voir déballer et réemballer leur pacotille qui sentait si bon, parce qu'à leur départ, ils ne manquaient pas de nous faire cadeau d'un beau crayon neuf ou d'un petit couteau.

Tout ce monde là, — j'en excepte les porte-balles, — se disputait le soir une place à l'âtre, et chacun croyait y avoir droit en vertu de la possession la plus ancienne. *Je suis ici chez moi*, se disaient-ils l'un à l'autre; *j'y suis venu avant toi; j'y reviendrai après*, etc. Et nous, les enfants de la maison, nous étions tenus à l'écart et à distance, en vertu des coutumes de l'hospitalité. Malheur à celui d'entre nous qui aurait manqué d'égards à ces chers pauvres du bon Dieu.

Un soir, un de nos domestiques, que cette cour des miracles agaçait, envoya un mendiant à béquilles se coucher sans lanterne dans un coin de l'écurie où la *vieille Sainte-Reine* reposait. Cette *vieille Sainte-Reine* était une pauvresse ratatinée et rechignée qui

montrait derrière un vitrage, dans une caisse, l'image
de Notre-Dame d'Alise en Auxois, où elle faisait de
temps en temps des pèlerinages pour les malades et
les affligés. Les deux vieillards finirent par s'accommoder tant bien que mal, après avoir échangé quelques
coups et force cris; mais la *mère Sainte-Reine* fut
plusieurs années sans revenir chez nous. Ma mère en
était sincèrement affligée.

Elle avait pitié de tout ce qui souffre. Elle ne se
préoccupait guère de la question des responsabilités
ni de la sanction morale; elle ne voyait que la peine
d'autrui. Elle ne blâmait jamais; elle plaignait. Quand
un misérable était pris, traîné en prison ou conduit à
l'échafaud, elle se bornait à dire tristement : *Que voulez-vous? Malavisé n'est jamais sans peine.*

Ce n'est pas la charité de cette femme incomparable
que j'admire le plus; c'est la constance de sa vertu,
c'est sa persévérance à servir les pauvres. Tant
qu'elle a vécu, c'est-à-dire jusqu'en 1861, notre domicile paternel fut un véritable caravansérail ouvert
à tous les éclopés, vagabonds et rouleurs qui pas-
saient.

C'était pour ne pas rompre avec les traditions d'Arsans.

Il n'y a pas eu dans la famille Gras de rejetons ma-
lingres, difformes ni infirmes. Tous étaient d'apparence robuste et bien constitués. Ma mère était de
stature moyenne; mais les tantes Claudine, Marguerite et Anne étaient grandes, fortes et bien propor-
tionnées.

Anne est morte, n'ayant pas trente ans, d'une
fluxion de poitrine; Elisabeth est morte, comme ma
mère, à soixante-un ans, d'une affection de nature

cancéreuse; Claudine a été victime du choléra à l'âge de soixante-onze ans; Marguerite et Jean sont morts très âgés.

Le caractère de tous ces parents était porté à la bienveillance. Naturellement, ils s'aimaient beaucoup entre eux.

On peut dire que chez eux, ce qui dominait, c'était les qualités du cœur : l'humanité, l'amour du prochain, une pitié profonde pour tout ce qui souffrait.

LIGNE MATERNELLE

HUGUES BROCARD (1720-1790) (?)

Hugues Brocard appartenait à une ancienne famille de marchands et bons bourgeois de Pontarlier.

Il avait deux frères et une sœur, Claude-Marie, morte célibataire et très âgée. Un de ses frères, Jacques-François, entra dans les ordres ; il était vicaire en chef à Malbuisson quand il mourut, en 1781. Son autre frère n'eut qu'un fils, Marc-Baptiste, procureur au bailliage et conseiller au magistral de Pontarlier.

De son mariage avec Jeanne-Françoise Pône, Hugues Brocard eut quatre enfants : trois filles, MARIE-FRANÇOISE, MARIE-MARTHE et MARIE-JOSÈPHE, et un fils, FRANÇOIS-XAVIER, notre grand-père.

MARIE-FRANÇOISE épousa, en 1769, Claude-François Hautier, marchand épicier, qui avait pour frère un ecclésiastique estimable, l'abbé Hautier, et pour oncles Alexis Parguez, lieutenant du bailliage, et François-Joseph Gloriod, secrétaire de l'hôtel de ville. La famille Hautier-Brocard comprenait trois enfants :

Claudine-Françoise, mariée à Alexis Bertin, de Pontarlier, et Louise-Josephine, mariée à Alexandre Leroy, officier de recrutement à Dole, et un fils, Etienne, qui exerçait la chirurgie à Mouthier-Hautepierre, lequel laissa deux filles mortes célibataires.

MARIE-MARTHE, mariée en 1774 à Pierre-François Girard, de Vuillafans, eut aussi trois enfants, Arnould, père de sept enfants, Henri, et Julie, veuve Bard.

MARIE-JOSÈPHE était religieuse ursuline avant la révolution. Elle fut obligée de s'expatrier sous la Terreur et se réfugia à la cour de l'électrice de Bavière, où elle demeura jusqu'à la proclamation de l'empire. Elle mourut en 1811, dans la maison de son frère.

JEAN-FRANÇOIS-XAVIER BROCARD
(1751-1826).

François-Xavier Brocard épousa, le 9 novembre 1777, Jeanne-Françoise Thiébaud, de Salins, âgée de 17 ans seulement.

La grand'mère Brocard appartenait à une famille d'orfèvres qui avait dans le pays une grande notoriété et même une certaine célébrité artistique. Son père, Thiébaud Galezot, frère de Thiébaud Malfroy, a laissé quelques beaux morceaux d'orfèvrerie qui sont toujours admirés des connaisseurs, notamment une châsse de Saint-Claude, dans le Jura, et un reliquaire de l'église Notre-Dame, à Besançon.

La Franche-Comté a vécu longtemps de sa vie propre, particulariste, comme on dirait aujourd'hui, quoiqu'elle appartînt loyalement à l'unité française. Elle avait ses centres de production et de commerce, ses écoles, ses fabriques, dont elle se montrait fière

et qu'elle tenait à rendre prospères. Elle voulait conserver son indépendance et pouvoir au besoin se suf-
fire à elle-même, dans un cas donné. Salins était réputé
pour ses produits d'orfèvrerie. Au siècle dernier, on
n'allait pas à Paris ni à Lyon pour y acheter un calice
d'or ou d'argent, des burettes ciselées, un ciboire à
pied incrusté de pierres, en un mot tous ces merveil-
leux ouvrages dont le clergé enrichissait ses monas-
tères et ses églises ; on les achetait à Salins, on les
commandait aux artistes du pays.

La famille de notre bisaïeul, J.-Fr. Thiébaud-Gale-
zot, avait eu de nombreux rejetons. Outre les trois ou
quatre enfants qui sont morts en bas âge, nous trou-
vons dans cette descendance :

ANNE-MARGUERITE, qui épousait, le 20 octobre
1778, Jean-Alexis Besuchet, paroissien de Sainte-
Madeleine, à Besançon, et qui a laissé un fils habitant Paris ;

JEANNE-FRANÇOISE, mariée à J.-Fr.-X. Brocard,
notre aïeul ;

EMMANUEL, mort sans postérité.

JEAN-DENYS, qui a eu trois fils, Amédée et Léon,
décédés sans enfants, et P.-Anatoile, père de Mᵐᵉ De-
gorre, habitant Salins, et de Mᵐᵉ Tartier, dont le mari
est percepteur à Tournon (Ardèche);

CLAUDINE-ETIENNETTE, mariée, le 11 juin 1787, à
Claude-Antoine Polanchet, greffier du bailliage de
Poligny, originaire des Arsures et résidant à Salins.
De ce mariage sont nées deux filles : Mᵐᵉ Javel-
Polanchet et Mᵐᵉ Blondeau-Polanchet.

Mᵐᵉ Javel-Polanchet a laissé deux filles : Mᵐᵉ Faton,
de Poligny, et Mᵐᵉ Javel, habitant naguère Quingey,
où son mari était garde général.

Mᵐᵉ Blondeau-Polanchet a eu trois garçons : Narcisse, Charles et Eugène. Narcisse est mort jeune sur un navire où il était embarqué comme novice ; Charles est mort à Poligny, capitaine en retraite ; Eugène, officier de marine, marié à Mlle Gros, de Poligny, a laissé deux fils : Claude, lieutenant d'artillerie à Grenoble, et Charles, étudiant en droit. Voilà ce que je sais de la parenté de notre grand'mère Brocard.

Du mariage de François-Xavier Brocard avec Joséphine-Françoise Thiébaud sont nés onze enfants :

1° HUGUES-ÉTIENNE (1778-1852).

Etienne était d'une santé assez délicate. Célibataire et rentier, il vécut près de soixante-quinze ans du régime frugal et des habitudes de vie qu'il s'était imposés.

2° JEANNE-FRANÇOISE (1780-1816).

Mariée à l'huissier Pyon, de Pontarlier, elle en eut une fille qui mourut jeune, quelques jours avant ou après sa mère.

3° MARC-ÉTIENNE-LÉON (1782-1807).

A sa sortie de l'école polytechnique, Marc fut envoyé à l'école d'application de Metz comme sous-lieutenant d'artillerie. Ce brave garçon, un des aînés de la famille, avait toujours au cœur la pensée de ses parents, dont il rêvait d'alléger les charges. Dans ce but sans doute, il fit venir auprès de lui Ambroise, son frère, auquel il donna des leçons de mathématiques. Mais il ne tarda pas à quitter l'école pour suivre la campagne de Prusse. Blessé le 8 février 1807, à Eylau, d'un coup de feu qui lui fracassa la mâchoire, il mourut le 14 du même mois.

Quelques jours avant la bataille, Marc écrivait à sa

mère, de Mlawa, en Pologne, le 27 janvier 1807 : « Je
» suis fâché que vous ayez eu quelque inquiétude sur
» mon sort. Il faut, je vous le recommande, n'en
» avoir aucune. Je tâche de faire mon service aussi
» bien que je le dois sans porter préjudice à ma
» santé. Nos fatigues sont en grande partie causées
» par les chemins que l'artillerie est obligée de tra-
» verser et dans lesquels elle reste souvent embour-
» bée... L'armée est depuis plus de trois semaines
» cantonnée, et elle effectue seulement de temps en
» temps des changements de position, lorsqu'elle a
» épuisé les ressources des villages où elle se trouve.
» On profite de cet intervalle de repos pour employer
» les officiers d'artillerie à la réparation des routes
» qui traversent les cantonnements de l'armée. Voilà
» comme nous ne restons jamais oisifs... On a fait
» en France une levée de 80,000 conscrits. Parmi
» ceux de 1807, Ambroise est-il du nombre des par-
» tants ?

» Quoique le grade de lieutenant en premier ne me
» fasse qu'un supplément de paye de 200 fr. par an, je
» serai, je crois, en état d'économiser quelque chose
» pour la famille vers laquelle je tourne toujours
» mes yeux. Nous avons quelque espoir d'être bientôt
» payé de notre arriéré, et alors il me serait pos-
» sible d'envoyer en France une somme de cinq ou
» six cents francs, etc.

... » Mes frères et sœurs grandissant toujours, je
» ne sais comment la maison peut encore tous les
» contenir... Ne serait-il pas possible d'en trouver
» une qui réunît à peu près tous les avantages de
» celle qu'a vendue M. Droz et qu'on voulait acheter, il
» y a quinze ans, époque où l'on éprouvait beaucoup
» moins qu'à présent le besoin d'un logement com-

» mode et spacieux ? La dernière fois que je fus à
» Pontarlier, je crois avoir parlé à mon père de celle
» de M. Jeunet comme réunissant tous les avantages
» qui seraient à désirer : bonne situation, vaste loge-
» ment, espace nécessaire pour élever un grand
» nombre de boutiques que l'on peut louer ou dans
» lesquelles mes frères pourraient exercer un com-
» merce... »

Cette lettre, où les préoccupations du noble enfant
se montrent dans chacune de ses phrases, n'est pas
achevée. On lit en post-scriptum :

« Vittenberg, 31 janvier 1807.

» Je n'ai pu achever ma lettre le 27, parce que l'ar-
» tillerie a reçu précipitamment l'ordre de quitter ses
» cantonnements. Tout le 4e corps d'armée se trouve
» logé avec la garde impériale et l'empereur dans la
» petite ville d'où je vous écris. L'on s'attend à quel-
» que affaire générale... Adieu, ma chère mère... »

Ce ne fut pas sans doute son dernier adieu; mais
les autres ne sont jamais parvenus à sa famille.

Il fut nommé chevalier de la Légion d'honneur par
décret du 3 mars 1807, par conséquent dix-huit jours
après son décès.

4° JOSÉPHINE (1784-1859).

Joséphine resta célibataire, ainsi que sa sœur Othilie ; elle s'occupa avec elle du commerce de la bijouterie. Toutes deux entourèrent de soins la vieillesse
de leurs parents, et, plus tard, élevèrent sous leurs
yeux plusieurs de leurs neveux et nièces, dans cette
demeure où se conservaient intactes, avec les vieux
meubles des ancêtres, leurs traditions d'honneur et
de vertu.

Comme étant une des aînées de la famille, Joséphine partagea de bonne heure les fatigues et les soucis de sa mère dans des temps bien difficiles de guerre et de révolution. Plus tard, elle reporta sur ses frères et sur leurs enfants sa sollicitude presque maternelle, et son indulgente bonté entretint entre tous une union bien rare, qui fit l'admiration et souvent l'envie de beaucoup de gens.

Que de fois Joséphine Brocard, dans un âge avancé, se transporta chez ceux qu'elle avait soignés au berceau et qui, gravement malades, étaient si heureux de la voir à leur chevet. Elle les veillait, les consolait, les encourageait. Quatre de ses frères moururent assistés par elle, vérifiant ainsi ce que leur mère avait répondu à Joséphine, qui, dans sa jeunesse, lui avait témoigné le désir de devenir hospitalière : *Va, va, tu auras assez de malades à soigner dans ta famille!*

Cette excellente personne, très pieuse et charitable sans ostentation, fut universellement estimée et regrettée à Pontarlier.

5° CLAUDE-AMBROISE (1787-1874).

Il en sera parlé ci-après.

6° STANISLAS (1789-1842).

Stanislas épousa Apolline Tournier, de Salins.

Ce fut une fête à Pontarlier que le mariage de cet excellent citoyen. Ses nombreux amis renouvelèrent à cette occasion un usage d'autrefois. Ils s'étaient portés à cheval à la rencontre des voitures qui ramenaient la noce de Salins, et, après avoir offert un agneau emblématique à la mariée, ils avaient escorté les époux jusqu'à leur domicile.

De ce mariage sont nés cinq enfants :

FRANCISQUE, receveur de l'enregistrement à Troyes ;

EMILIE, religieuse du Sacré-Cœur ;

XAVIER, père jésuite, mort à Alger ;

LÉON, négociant à Pontarlier, marié à Marie Marmier, de Frasne, dont il a deux enfants, Marie-Thérèse et Gabrielle ;

MARIE, religieuse du Sacré-Cœur.

Stanislas Brocard avait continué le commerce de ses parents.

Bien avant la mort de son père, auquel du reste il devait succéder, il était devenu l'âme de la maison. Il surveillait la fabrication des chaudières, et il en opérait la vente ou la location, en même temps qu'il dirigeait le commerce de l'orfèvrerie, dont il avait appris chez son grand-père Thiébaud l'art et les secrets. J'ai entendu raconter que son talent d'orfèvre avait été particulièrement utile à la famille pendant la grande invasion. On avait enfoui dans des cachettes, par peur du pillage, toute la bijouterie, tous les objets d'or et d'argent. On ne vendait plus rien. On vivait sur ses économies. Un officier étranger ayant eu besoin d'un artiste spécial pour réparer une décoration brisée, quelqu'un lui désigna Stanislas Brocard comme le seul qui pût entreprendre cette opération délicate. Depuis ce jour, les décorations, les plaques, les croix, les bijoux à réparer, affluèrent à la boutique. Ce fut une source inattendue de recettes pour la maison.

Stanislas était membre du conseil municipal de Pontarlier. Il mourut à Besançon, le 13 novembre 1842, pendant une session de la cour d'assises, où il avait été appelé à siéger comme juré.

4

7. OTHILIE (1791-1860).

Othilie tenait, avec sa sœur Joséphine, la maison d'orfèvrerie. Elle est morte célibataire, à l'âge de soixante-dix ans.

8. FRANÇOIS-XAVIER (1793-1795).

Cet enfant mourut d'une dysenterie épidémique.

9. FRANÇOIS-XAVIER (1795-1848).

L'abbé X. Brocard, ancien principal du collège de Pontarlier, débuta très jeune dans l'enseignement : il avait seize ans à peine.

Ce jeune professeur avait la maturité d'un homme de trente ans. Sa taille élevée lui donnait quelque chose d'imposant, et sa figure calme, douce et sérieuse, le rendait sympathique à tout le monde. On le respectait, on le craignait et surtout on l'aimait.

Appelé de bonne heure à diriger le collège de sa ville natale, il consacra tous ses efforts à le rendre prospère. Il y réussit, et il s'attacha de plus en plus à ce qu'il considérait comme l'œuvre principale de sa vie.

Comme, après 1830, il crut s'apercevoir que son autorité était un peu diminuée, il donna sa démission. Mais l'établissement étant tombé peu à peu en complète décadence, — le nombre des élèves n'était plus que de douze en 1834, — il en reprit la direction et y ramena une ère nouvelle de prospérité. En 1843, le chiffre des élèves était de cent quarante.

L'abbé Brocard était un homme de travail et de devoir. Quand il s'occupait d'une affaire, il s'en occupait sérieusement, et il n'avait pas la tête pleine d'autre chose. Il hésitait à prendre une détermination ;

mais la détermination une fois prise, il en poursuivait l'accomplissement. Il n'était entré dans les ordres
qu'après beaucoup d'hésitations : il fut un prêtre
irréprochable.

Cet homme distingué mourut à cinquante-quatre
ans.

M. le professeur Claudet, un de ses élèves, lui a
consacré une petite notice, imprimée à Besançon en
1848.

9° ÉLOI (1797-1852).

Avoué à la cour de Besançon, Eloi Brocard épousa
Pauline Guerrin, de Vesoul, dont il eut deux filles,
Léonie et Victorine.

Léonie, mariée à M. Valot, avoué à la cour de
Besançon, a deux enfants, Marie, et Paul, avocat, docteur en droit.

Victorine est morte à Paris, religieuse de la Charité.

10° PAUL (1799-1868).

L'abbé Paul Brocard a été pendant près d'un demi-
siècle curé à Bonnevaux en Montagne « ... Après
» avoir terminé de brillantes études, comme il était
» encore trop jeune pour être promu aux ordres
» sacrés, il fut placé deux ans comme professeur au
» collège de Luxeuil. Ordonné prêtre en 1822, il fut
» envoyé à la cure de Bonnevaux le 1er avril 1824, et
» il y mourut le 27 juillet 1868, après quarante-quatre
» ans et six mois de sacerdoce (1). »

11° ADOLPHE (1802-1865).

Adolphe Brocard, avoué au tribunal de Montbéliard,
épousa Sophie Delfils, de Vaufrey. De ce mariage

(1) *Courrier de la Montagne* et *Franche-Comté* du 13 août 1868.

sont nés cinq enfants : MARIE, EMILE, MARC, AUGUS-
TINE et CÉLINE.

MARIE, mariée à M. Bourquin, directeur des postes
à Paris, en a eu deux filles, Marie et Alice.

EMILE, ancien ingénieur de marine, chevalier de la
Légion d'honneur, a épousé Henriette Verlaque, dont
il a eu un fils, Emile, et deux filles, Madeleine et
Marguerite. Il est l'auteur de plusieurs travaux remarquables, notamment du canal d'Ismaïlieh, en Egypte,
dont il a établi le projet grandiose et dirigé la construction.

MARC, avoué à Montbéliard, avait épousé Elisa
Renaud, qui lui a donné un fils et une fille, Marc et
Madeleine.

AUGUSTINE, femme d'Henri Scellier, industriel à
Voujaucourt, est mère de cinq enfants : Henri, Gabrielle, Jeanne, Berthe et Marguerite.

CÉLINE, veuve de Armand Bernard, notaire à Montbéliard, dont elle avait un fils, Armand, a épousé en
secondes noces M. Bouttet, capitaine d'infanterie de
marine, en garnison à Rochefort.

François-Xavier Brocard, père, aïeul et bisaïeul de
tous les enfants dont nous venons de donner l'énu-
mération, continua la profession de ses ancêtres, qui
étaient marchands chaudronniers de père en fils. La
maison Brocard avait la spécialité de la fabrication
des chaudières de cuivre, employées dans les frui-
tières pour la cuisson du fromage vachelin dit fromage de Gruyère.

Le père Brocard ayant épousé, comme on l'a vu, la
fille d'un orfèvre de Salins, il joignit un commerce
d'orfèvrerie à sa fabrique de chaudières.

Mais la profession de marchand convenait mal à

son tempérament. Il avait besoin d'une vie plus
active, du grand air et des exercices fatigants. C'est
pourquoi, en dehors de sa forge, où il façonnait les
métaux, il se livrait à l'exploitation des propriétés
rurales qu'il possédait sur le territoire de Pontarlier.

Le goût de la culture est resté dans la famille. Mon
beau-père Ambroise consacrait à drainer et à assai-
nir ses prairies tous les instants que lui laissait sa
profession de juge de paix. Ses sœurs, Mesdemoi-
selles Brocard, fermaient souvent leur magasin d'orfèvrerie pour surveiller la culture de l'absinthe, à
laquelle elles se sont livrées bien des années. Cet
amour de la terre semble dominant dans les races
judicieuses et bien équilibrées, comme l'amour de
la vie dans les constitutions saines.

Pendant que le grand-père Brocard dépensait son
activité à l'atelier ou au labourage, sa femme, le
modèle des mères de famille, administrait le surplus
dans la maison. Elle, suffisait à tout. Elle faisait
donner à ses huit garçons une instruction solide ; elle
inculquait à ses filles ses admirables vertus, ses habitudes de travail et d'économie, son esprit de sacri-
fice. Elle dirigeait seule, en un mot, l'éducation de la
couvée, tout en surveillant le commerce d'orfèverie
qui l'aidait à nouer les deux bouts. Comment put-elle
remplir sa double tâche au milieu des tourmentes ré-
volutionnaires qu'elle a traversées ?... Elle dut aimer
bien ses enfants pour ne jamais perdre courage.

Le grand-père et la grand'mère Brocard sont morts
dans la 75° année de leur âge, l'un en 1826, l'autre en
1834.

CLAUDE-AMBROISE BROCARD (1787-1874).

Ambroise naquit à Pontarlier, le 18 janvier 1787.

Il se maria le 15 septembre 1825 avec la fille du docteur Chédieu, Virginie, née à Besançon, le 11 octobre 1798. De ce mariage sont nées quatre filles : Laure, Eugénie, Esther et Fanny.

LAURE.

Laure mourut à dix-neuf ans, d'une fièvre typhoïde à forme cérébrale, dans la maison des Essapeux, commune de Vézelois, près Belfort. Sa tombe se voit devant l'église, dans l'ancien cimetière de la commune.

C'était une fille pieuse, adonnée à la dévotion, mélancolique à l'excès et ne rêvant pour elle que les austérités du cloître. Comme elle était fort jolie, elle ne portait que des vêtements simples, de couleur sombre, pour ne pas donner trop d'attraits à sa beauté. Cette singularité de caractère tenait vraisemblablement à quelque disposition morbide latente : le décès de Laure semble le démontrer.

EUGÉNIE.

Mariée au docteur Perron.

ESTHER.

Esther est restée célibataire, se livrant à des bonnes œuvres, après avoir voué ses jeunes années au service de ses parents.

FANNY.

Ma belle-sœur Fanny était frêle, élancée, d'une santé très délicate et d'une timidité en quelque sorte morbide. Elle mourut à trente-deux ans, après plusieurs mois de maladie, aphasique et paralysée de tout le côté droit. L'apoplexie chez elle était survenue après trois semaines de fièvre rhumatismale, au moment de la convalescence. Il existait chez elle une insuffisance des valvules du cœur. Elle ne s'en était jamais plainte, et cette affection cardiaque ne l'empêchait pas de travailler au ménage ni de donner des leçons à ses petites nièces, dont elle tenait à diriger l'instruction.

Ambroise Brocard avait fait son droit à Dijon. Reçu licencié le 12 août 1811, il revint dans son pays natal pour y faire de la procédure. Mais sous l'empire, on n'avait ni le goût ni le temps de plaider. On avait bien d'autres soucis ! toute la vie sociale était dans les camps...

Stanislas, l'homme important de la famille, comme nous l'avons vu, ayant été appelé sous les drapeaux comme garde d'honneur par le sénatus-consulte du 3 avril 1813, son frère Ambroise demanda et obtint de lui être substitué : Stanislas aurait trop fait faute à la maison.

Ambroise fut donc incorporé au 4e régiment de la jeune garde et dirigé sur cette Allemagne de malheur où son cher frère Marc avait été tué six ans auparavant. Il se trouva compris dans la grande débâcle, après Leipsick ; tomba malade de la dysenterie des armées, à Haguenau ; fut recueilli et soigné par une pauvre veuve qui lavait la vaisselle à l'hôtel où il était descendu ; et finalement il revint, avec un passeport russe, à Pontarlier, dans sa famille.

Les misères et les tribulations n'avaient pas du tout découragé son patriotisme. Comme capitaine au 3e bataillon de la garde nationale, il prit part à la belle défense de Belfort, sous le général Lecourbe, et fut licencié le 1ᵉʳ août 1815. La patrie n'avait plus besoin de ses services.

Ses états de service sont ainsi libellés : *Garde d'honneur au 4ᵉ régiment des gardes d'honneur, le 6 juillet 1813.*

Licencié le 24 juin 1814.

Capitaine dans les gardes nationales actives du Doubs (3ᵉ bataillon, 4ᵉ compagnie), le 29 avril 1815.

Licencié le 21 juillet 1815.

Campagnes : *1813, Saxe ; 1814, France ; 1815, armée du Jura.*

Le voilà rendu aux affaires de procédure dans sa ville natale. Là, des ennuis d'un autre genre l'attendaient. Sa famille était en butte à la jalousie des gueux, qui sont les ennemis naturels des honnêtes gens, dont la conduite digne et correcte semble les condamner. Oui, il se trouvait à Pontarlier des misérables qui enviaient le bonheur intérieur de cette famille si éprouvée, si laborieuse et si inoffensive. Que pouvait-on lui envier cependant, si ce n'est son esprit d'union, sa vie de travail, ses goûts modestes et ses habitudes de simplicité ?

On ne pouvait guère lui envier que cela.

Sous la République, la pauvre grand'mère avait eu beau coudre des cocardes tricolores au bonnet de ses enfants, on accusait les Brocard d'avoir des sentiments royalistes ; sous la Restauration, on les dénonça comme suspects et entachés de libéralisme.

Un jour une troupe d'énergumènes passait dans la Grand'Rue de Pontarlier, escortant le sous-préfet, M. de Neuwied, qui, l'épée à la main, faisait transporter triomphalement au fort de Joux le buste de Sa Majesté Louis XVIII. Au bruit des vociférations de cette bande, Ambroise, qui était au tribunal, en robe et le chef couvert de sa toque d'avocat, mit par aventure la tête à la fenêtre pour savoir ce dont il s'agissait. Mal lui en prit. Notre sous-préfet l'aperçut, et, en le provoquant du regard, il éleva son épée et poussa un cri formidable de *vive le roi !* L'avocat, sans s'être découvert, se retira en haussant les épaules. Il fut pour ce fait dénoncé et mandé à la préfecture afin d'y rendre compte de son attitude, son silence, suivant les termes de la dénonciation, *équivalant à un cri séditieux.* On en rit beaucoup dans le temps, et M. Brocard fut, depuis, désigné au palais de Besançon sous le nom d'*avocat au silence séditieux.*

Etant adjoint au maire de Pontarlier pendant les cent jours, il avait dû signer en cette qualité des bons de réquisition en vue d'approvisionner les forts. On lui intenta à ce propos des procès qui n'étaient pas recevables, des procès qui n'avaient pas le sens commun, mais qui eurent du moins pour résultat de le dégoûter profondément de son pays natal. « Les pro-
» cès tombèrent parce que le jour même où ils se
» plaidaient, l'avocat Brocard, défendant ses actes
» d'administreur, put lire dans la gazette une note
» officielle par laquelle Sa Majesté le roi Louis XVIII
» prenait à sa charge tous les frais d'approvisionne-
» ments faits pendant les cent jours [1]. »

Lassé des persécutions qu'on lui suscitait à Pontarlier, il finit par demander une charge d'avoué, qui lui fut accordée, au tribunal nouvellement créé de Saint-Hippolyte et transféré depuis à Montbéliard. Il eut successivement comme clerc son frère Eloi et son frère Adolphe, qui, initiés par lui aux affaires, devin-

[1] *Démocratie franc-comtoise* du 20 octobre 1874.

rent plus tard d'excellents procureurs, probes et bien achalandés.

Il céda son étude en 1827 à son frère Adolphe, pour rentrer dans le barreau.

Nommé juge de paix du canton d'Audincourt, il prêta serment au tribunal de Montbéliard le 20 décembre 1832. Puis, sept ans après, il fut appelé en la même qualité à Besançon, dans le canton sud, l'un des plus importants de France et des plus populeux. Il avait dans sa juridiction une cour d'appel et un tribunal de première instance, l'archevêché, la préfecture, la division militaire, etc. Il y fut en exercice jusqu'en novembre 1868.

« C'était un juge autrement que les autres. On
» aurait dit un homme ordinaire en robe d'audience.
» Il n'était ni gourmé ni impatient ; et quand l'audi-
» toire, pendant l'audience, était agité et faisait enten-
» dre un murmure confus, notamment après certaines
» dépositions de témoins, il laissait faire : il ne
» criait pas tout de suite son *Quos ego.* Non ; assis
» sur son siège, calme et indifférent en apparence,
» il écoutait, sans en avoir l'air, pour se rendre compte
» des impressions du public et en faire son profit.

» Si deux plaideurs courroucés faisaient appel aux
» passions de leur juge, il leur disait avec bonhomie :
» La justice ne s'associe pas à la malice des plai-
» deurs !... Et quand, l'arrêt rendu, il voyait ces
» mêmes plaideurs s'en aller tous les deux mécon-
» tents, riant en lui-même : C'est bien jugé, pensait-
» il, je n'ai abondé dans le sens ni de l'un ni de
» l'autre (1). »

« Impassible devant les orages qui éclataient à sa

_____

(1) *Démocratie franc-comtoise* du 21 octobre 1874.

» barre, comme l'écrivait l'avocat Mandrillon (1), il
» cherchait la vérité dans la tempête, comme si du
» choc de la discussion devait jaillir la lumière du
» procès. »

On pourra juger par un fait de son caractère humo-
ristique. En 1864, il fut chargé par le parquet de pro-
céder à une enquête sur certains actes d'indélicatesse
reprochés à un huissier de Besançon.... Une pauvre
femme avait chargé cet huissier d'exercer des pour-
suites contre un horloger qui était son débiteur pour
une somme de 25 fr. 50, et, afin de stimuler son zèle,
elle lui avait cédé la moitié de sa créance. Par ses
actes et ses démarches, notre huissier avait absorbé
le surplus.... « La morale de tout ceci, dit en termi-
» nant M. Brocard, c'est que l'huissier rançonne ses
» clients..., qu'il retient tout ce qu'il peut à titre de
» courses et démarches extraordinaires, sans s'em-
» barrasser que, dans ses exploits, il acte pour son
» propre compte.... L'huissier s'était dit : Je prends
» la moitié de cette créance comme cessionnaire, je
» compense l'autre moitié avec mes actes.... En
» d'autres termes : *Je divise, je multiplie, je soustrais,*
» *je pose zéro et je retiens tout,* voilà mon arithmé-
» tique. » (1er juillet 1864.)

M. Brocard mourut à Besançon, dans sa campagne
de Cras, le 17 octobre 1874, âgé par conséquent de
quatre-vingt-sept ans et neuf mois.

C'était un vieillard sec et nerveux, marcheur déter-
miné et infatigable, d'une sobriété rare et d'une activité qui dura jusqu'au bout.

Comme son père, il aimait les occupations agricoles.

Il avait acheté à Vézelois, dans le Haut-Rhin, un

(1) *Courrier franc-comtois* du 19 février 1869.

marais de sept hectares enclavé dans le bois de la
commune et au milieu duquel s'élevait une maison
de ferme couverte en chaume. M. Brocard obtint d'y
fixer sa résidence, tout en restant juge de paix du
canton d'Audincourt. Il fit pratiquer dans son marais
des fossés d'assainissement qui furent comblés avec
des épines qu'il faisait déraciner sur place ; et, grâce
à ce drainage peu coûteux, il transforma un terrain
marécageux, qui devint une excellente prairie et très
productive.

A un âge très avancé, il n'avait aucune infirmité.

Il était myope ; mais il a pu lire sans lunettes jusqu'à la fin de ses jours.

Il n'aimait pas du tout la musique. Quand il était
obligé d'assister dans un salon à l'audition d'une
sonate de Beethoven ou d'un morceau classique exé-
cuté magistralement, il se penchait vers son voisin
pour lui dire assez haut : *J'aime autant l'air de Cadet-
Roussel !* Et un instant après : *Avez-vous loué vos
herbes de pré ?...* Voilà jusqu'où allait son goût pour
la musique : elle l'ennuyait.

GÉNÉRALITÉS SUR LA FAMILLE BROCARD.

Ici encore, nos parents étaient doués d'une belle et
bonne santé, santé physique et santé morale.

Dans les deux sexes, ils étaient en général grands
et bien conformés, au moins tous ceux que nous
avons connus.

Le grand-père et la grand'mère Brocard sont morts
âgés, l'un, d'hydropisie, l'autre, d'une fluxion de
poitrine.

L'oncle Étienne a été longtemps, sur ses vieux jours, travaillé par une affection des voies urinaires. L'abbé Xavier est mort d'un squirrhe à l'estomac, et Eloi d'une dysenterie qui pouvait bien être aussi de nature cancéreuse. L'oncle Adolphe a succombé à une maladie du foie ; le curé de Bonnevaux, à une apoplexie cérébrale. Quant aux tantes, elles sont mortes, Joséphine, d'une pneumonie catarrhale, comme son frère Ambroise, et Othilie, d'une apoplexie cérébrale. Mais comme tous ont vécu de longues années, il n'y a rien à en conclure contre la santé de leur famille.

Je dois mentionner ici une particularité qui s'est reproduite chez plusieurs de mes enfants.

Etienne, l'aîné de la famille Brocard, après avoir appris quelque temps l'orfèvrerie chez son grand-père, à Salins, fut rappelé à Pontarlier et mis à la forge pour servir d'aide à son père dans ses durs travaux de chaudronnerie. Il avait seize ans. C'est l'âge où l'on grandit le plus. On est alors sujet à des accidents fébriles plus ou moins longs et persistants, que le vulgaire appelle assez judicieusement des *fièvres de croissance*. Ces sortes de fièvres ne sont pas graves par elles-mêmes. Elles se révèlent par la fréquence du pouls, un peu d'élévation de la température, des urines chargées, de la lassitude, et c'est tout. Mais c'est assez pour qu'on n'exige pas des adolescents, dans cet état de souffrance, une application au travail qu'ils ne pourraient pas donner impunément. Si l'on ne tient pas compte de cette recommandation dans l'hygiène des sujets de cet âge, on risque d'amener des complications redoutables.

Etienne, un peu poussé au travail, fut pris à plusieurs reprises de crises nerveuses qu'on attribua, comme toujours, à des peurs, à des émotions pénibles, etc., c'est-à-dire à tout autre chose qu'à son développement physique, qui en était l'étiologie vraie. Le repos, les bons soins, le temps, firent disparaître tout à fait ces accidents, et l'oncle Etienne mourut très âgé, sans jamais les avoir éprouvés depuis.

Nous avons vu chez plusieurs de nos enfants restés petits, et chez lesquels la croissance a été très rapide, survenir, à cet âge, des accidents analogues. Ils éprouvaient des frayeurs, des crampes, des fourmillements, de la diarrhée, etc., qui réapparurent pendant une ou deux années, mais que le repos et un bon régime ont fait passer.

C'était l'histoire de l'oncle Etienne.

La santé physique, dans la famille Brocard, ne présente donc rien de particulier; elle est bonne.

Les qualités morales y sont éminentes, comme on a pu en juger par ce que nous avons dit de chacun des membres de cette honorable famille. Ils étaient doués tous d'une extrême prudence, d'un haut sentiment de la justice et du droit, d'une grande intelligence et d'une probité scrupuleuse en affaires.

Voilà, je crois, quel a été le caractère prédominant de cette race.

———✳———

MICHEL CHÉDIEU (1708-1783) (?).

Michel Chédieu habitait le bourg de Thiron, au diocèse de Chartres.

Marié à Marie Ménagé, il avait eu beaucoup d'enfants. A son décès, il ne restait que quatre fils : MICHEL, l'aîné ; JACQUES-GABRIEL, dit de la Baroche ; JOSEPH, contrôleur ; et JEAN-GABRIEL, chirurgien-major.

Le partage qui eut lieu entre ces quatre frères, et dont nous avons copie signée, fut fait à l'amiable le 5 avril 1784. Il portait sur des immeubles d'une certaine importance.

Nous ne possédons aucun renseignement sur les descendants des frères Chédieu. En existe-t-il encore à Thiron ? — Nous ne le savons pas.

JEAN-GABRIEL CHÉDIEU (1756-1826)

Gabriel était né le 10 avril 1756. Il fut mis en apprentissage chez un maître chirurgien, à Montlhéry, Maître d'Anvers, qui l'initia pendant trois années consécutives — 1772-1773-1774 — à la pratique de son art.

Pour se perfectionner, il se rendit ensuite à Paris, où il étudia l'anatomie, la physiologie, l'oculistique, les accouchements, etc., sous les grands maîtres de cette époque, Desault, Sabatier, Ténon, Delafaye, Bordenave, Hévin, Brasdor, etc.

Il fut commissionné aide-major en 1776 ; puis, les années suivantes, chirurgien-major adjoint à l'hôpital de Brest et chirurgien-major au régiment des chasseurs des Pyrénées (2° chasseurs à cheval).

En 1794, il était attaché à l'hôpital militaire de Neuf-Brisach, où il ne tarda pas à être admis dans l'intimité de la famille Deschamps.

Ignace Deschamps, docteur en médecine et premier maire de Neuf-Brisach, était un homme de manières distinguées, instruit, élevé à bonne école. Sa fille aînée, Philiberte, avait été mariée quelques années auparavant à J.-Fr. Thomassin, qui devint plus tard chirurgien en chef de l'armée de Rhin-et-Moselle, officier de la Légion d'honneur et membre de l'Institut.

Le docteur Deschamps avait joué un certain rôle dans les événements de Neuf-Brisach, qui ont eu tant de retentissement à la tribune de l'Assemblée nationale et surtout dans les gazettes du temps. Ces événements avaient eu lieu les 6, 7 et 8 juin 1792, an IV de la liberté.

J'ai sous les yeux la relation imprimée qui en fut faite par le procureur général syndic du département du Haut-Rhin, Reubell, et par le chef de l'état-major de l'armée du Rhin, Victor Broglie, avec les dépositions de M. d'Arlandes, faisant fonctions d'adjudant général à Neuf-Brisach, et de M. I. Deschamps, maire de la ville.

Le 4 juin 1792, comme le maire de Neuf-Brisach

était occupé à dresser un procès verbal de réception
de bœufs pour l'approvisionnement de la place, un
sergent de garde à la porte de Bâle vint l'informer que
plusieurs voitures de rouliers se présentaient, et qu'on
ne voulait pas les laisser passer, parce qu'on avait des
soupçons sur leur chargement. Le maire répondit que
si les voituriers avaient des passavants en règle et
vérifiés à la douane, il ne croyait pas qu'on dût les arrê-
ter. Les voituriers, survenant peu de temps après, lui
exhibent leurs papiers; il les envoie à la douane, où les
papiers furent reconnus réguliers. Arrive ensuite l'ad-
judant-major d'Arlandes, qui demande au maire de
vouloir bien l'accompagner pour faire livrer passage
aux voitures indûment arrêtées. Mais la troupe, pendant tous ces pourparlers, avait ouvert les voitures,
qui contenaient effectivement des caisses de fusils
de munition, des pistolets, des platines, etc., objets
prohibés à l'exportation. Le maire fut empoigné au
collet. Il aurait été à coup sûr maltraité, s'il n'avait été
arraché des mains des soldats, volontaires de l'Ain et
du Jura, par un officier du 13e régiment d'infanterie.

Mais la troupe exaspérée ne fut pas satisfaite de
l'arrestation des voituriers: elle exigeait d'autres vic-
times. Elle se porta en tumulte chez le maire, qui fut
arraché de force, dans sa maison, à ses deux filles, à
sa servante et au chirurgien-major du 8e régiment de
chasseurs qui le défendaient. Dans cette lutte, ses
filles furent maltraitées de coups. Quant à lui, il fut
traîné par les rues, injurié par les soldats qui le vou-
laient pendre ou noyer.

On parvint enfin à le tirer des mains de ces force-
nés et à le mettre en prison, d'où il sortit quand l'ef-
fervescence fut apaisée, non sans peine, par le chef
de l'état-major de l'armée du Rhin.

Voilà ce qu'ont été les fameux événements de Neuf-Brisach.

Ignace Deschamps avait été chirurgien-major de l'hôpital de Neuf-Brisach. Il résigna plus tard ses fonctions en faveur de son gendre Thomassin.

Il mourut à Besançon, chez ses filles, en 1812, d'une hydropisie de poitrine, à l'âge d'environ quatre-vingts ans.

Il était sincèrement pieux et charitable, au point d'inviter chaque jour quelque malheureux à partager son repas.

Nous conservons de ce bisaïeul un beau portrait au pastel, où il est représenté dans sa tenue militaire.

Coiffé à la Cadogan, il porte l'habit bleu clair à revers rouges, avec galons et boutons d'or, entr'ouvert et laissant voir un gilet rouge aussi galonné et boutonné d'or. Son jabot de dentelle est surmonté d'une cravate blanche. Comme pendant, sa femme, à la coiffure poudrée, est en grande toilette de cérémonie : robe bleue garnie de dentelles blanches avec un collier de rubans.

Il nous est resté aussi du grand-père Deschamps une miniature en médaillon où on le voit en habit civil bleu foncé à revers, avec cravate blanche. Ses cheveux sont coupés à la mode du temps des Girondins : c'est le costume officiel de l'ancien maire de Neuf-Brisach.

Dans ces deux portraits, le docteur Deschamps a un grand air de distinction, cet air affable et bienveillant qu'avaient en général les hommes bien élevés dans l'ancienne société française. Je dis l'ancienne société, parce que l'avènement un peu subit de la démocratie a dû forcément élever aux charges publiques des gens qui, quelque honorables qu'ils fussent du reste, n'y étaient peut-être pas suffisamment préparés.

Des cinq enfants du docteur Deschamps, trois sont décédés sans laisser de progéniture. IGNACE ou Natzi, qui mourut jeune, chirurgien-sous-aide aux hôpitaux. PIERRE ou Pétre, officier au 9ᵉ cuirassiers, qui mourut à Mayence en 1806; il avait épousé Louise-Pierrette Jeannot-Moncey, sœur du maréchal-duc de Conégliano. MARGUERITE, la plus jeune des enfants Deschamps: elle avait été mariée au citoyen J.-B. Fédon, chef de bataillon de la 31ᵉ demi-brigade, qui mourut de la fièvre jaune à Saint-Domingue, le 17 fructidor an X: elle est décédée à Vézelois, chez sa nièce, Mᵐᵉ Brocard.

Des deux autres enfants, l'aînée, PHILIBERTE, mariée à M. Thomassin, eut six enfants :

1º *Hélène*, mariée à M. Philibert, triangulateur du cadastre et géomètre forestier à Besançon, laquelle eut deux fils : Alphonse et Léon. D'Alphonse, marié à Clémentine Renaud, de Saint-Avold, sont nés : Athénie, mariée à Eugène Duret, géomètre forestier à Besançon, dont elle a cinq enfants, Berthe, Raoul, Paul, Gustave et Marguerite; Lucien, sans profession, demeurant à Paris; Louise, décédée sans enfants. De Léon, époux de Marie Gérard, sont nés cinq enfants, Alphonse, officier de marine, et quatre filles.

2º *Joseph*, chirurgien des hôpitaux; mort célibataire.

3º *Annette*, aussi célibataire, décédée à Besançon à quatre-vingt-quatre ans.

4º *Denise*, mariée à M. Fanart, directeur des postes.

Elle a eu dans son mariage deux enfants : Adèle, mariée à M. Pône, décédée sans enfants ; Antonin, marié à Anna Gaillard, dont il a un fils, Auguste.

5° *Emilie*, mariée à M. Vial, géomètre du cadastre, a eu cinq enfants, dont deux, Cécile et Valérie, habitent présentement Montbéliard.

6° *Edouard*, marié à sa cousine Hélène-Eugénie Chédieu, n'eut pas d'enfants.

La seconde fille du docteur Deschamps, FRANÇOISE, mariée au docteur Chédieu, est notre aïeule.

Peu de temps après son mariage, Gabriel Chédieu obtint d'être envoyé comme chirurgien de 1re classe à l'armée de Rhin-et-Moselle, où il s'empressa de rejoindre son beau-frère Thomassin. Plus tard, le 1er vendémiaire an VI, il fut en la même qualité employé à l'hôpital militaire de Besançon.

Nous ne le suivrons pas dans toutes ses pérégrinations en France et à l'étranger. Nous dirons seulement qu'il fut appelé à Liège comme chirurgien en chef de l'hôpital militaire et qu'il y séjourna depuis 1808 jusqu'à 1813, époque à laquelle les désastres de nos armées le mirent dans la nécessité de rentrer dans la Franche-Comté, qu'il avait définitivement choisie pour sa résidence. Il avait acheté de la famille de Longeville, en 1797, sa campagne des Cras, sur le territoire de Besançon.

Sa femme était allée le rejoindre à Liège avec ses enfants. Le père et la mère Chédieu s'étaient créé dans cette ville des relations d'amitié qui continuèrent longtemps encore après leur retour en France.

Partout où cette excellente famille résida, elle se fit aimer de tous ceux qui l'avaient connue. Et ce n'est pas difficile à croire. Nous avons conservé deux miniatures charmantes où leurs traits sont reproduits. Une bonté exquise est peinte sur leur figure. Avec une physionomie pareille, il n'est pas possible qu'on soit méchant.

M. Chédieu mourut subitement, le 23 mars 1826, à près de soixante-dix ans. Il était chevalier de la Légion d'honneur, chevalier de Saint-Vladimir, membre de la Société médico-chirurgicale d'Ostende, de la Société des sciences physiques et médicales de Liège, de la Société d'émulation de la même ville, etc. Sa femme était morte deux ans auparavant, âgée de cinquante-six ans.

Du mariage de Gabriel Chédieu et de Françoise Deschamps étaient nées trois filles, ADÈLE, VIRGINIE et EUGÉNIE.

ADÈLE mourut du typhus en 1815, à l'âge de dix-neuf ans.

Le corps de la défunte fut transporté à Grand-fontaine, paroisse dont dépendait le hameau de la Marne, où la famille Thomassin avait sa campagne.

A cette époque, la ville de Besançon avait pour cimetière unique le champ Brulley, champ trop étroit et établi, du reste, sur un terrain tout à fait impropre aux inhumations. Le sous-sol en étant imperméable, les corps y séjournaient dans l'eau et ne s'y consumaient jamais qu'incomplètement; de telle sorte que les cadavres y étaient déposés dans un magma dégoûtant de boue et de chairs pourries... Aussi beaucoup de familles de Besançon allaient acheter dans le cimetière des villages voisins des concessions pour leurs sépultures.

Le père et la mère Chédieu sont enterrés à côté de leur fille. Leurs trois pierres tombales sont à gauche en entrant au cimetière, devant la porte de l'église.

VIRGINIE avait épousé en 1825 Cl.-Amb. Brocard. Elle décéda le 5 mars 1876. Elle avait soixante-dix-sept ans.

EUGÉNIE se maria avec son cousin germain Edouard Thomassin, dont elle n'eut pas d'enfants. Elle est morte à quatre-vingt-deux ans, chez sa nièce Esther Brocard, en 1883.

GÉNÉRALITÉS SUR LA FAMILLE CHÉDIEU.

Tous nos parents Chédieu, sauf Adèle, morte en 1815 du typhus des armées, ont vécu de longues années sans infirmités d'aucune sorte. La tante Eugénie a seule été sujette à des coliques hépatiques que l'usage des alcalins a fini par guérir.

Quant à la valeur morale de cette lignée, nous en avons eu deux précieux spécimens dans les deux femmes remarquables que nous avons eu le bonheur de posséder parmi nous jusqu'à ces années dernières : Mme Brocard et Mme Thomassin.

Fille, femme, mère, sœur et cousine, Mme Brocard a été bonne à tout le monde. Elle n'aurait pas dit non à un enfant. Elle a toujours vécu pour les autres.

Depuis bien des années, atteinte d'oppression, elle pouvait difficilement marcher : sa respiration s'embarrassait. Elle souffrait de chaleurs intolérables. Et cependant, nuit et jour, quand il le fallait, elle était debout, peinant à soigner les autres. Et jamais, jamais elle ne se plaignait.

Elle a eu la grâce qu'elle demandait à Dieu dans

ses prières, d'assister jusqu'au bout son mari beaucoup plus âgé qu'elle.

Cette femme accomplie enseignait ainsi par son
exemple continuel la pratique de son inépuisable
charité. Aussi, quelle riche moisson moi et mes
enfants nous avons été appelés à recueillir! Ses
filles ont été la reproduction de ses vertus.

La tante Eugénie a passé par bien des épreuves:
ruinée, maltraitée, outragée par son mari, elle n'en
est pas moins demeurée à ses côtés pour le soutenir,
l'honorer et l'assister jusqu'à la mort. Elle a dû
beaucoup souffrir; mais les sacrifices qu'elle a faits,
les maux qu'elle a endurés, n'ont-ils pas été com-
pensés par tous les témoignages d'affection qui lui
ont été prodigués après son veuvage, sans compter
la satisfaction du devoir accompli? Quelle personne
de la famille n'aimait-elle pas? De qui n'était-elle pas
aimée?...

Il y avait entre les familles Chédieu et Thomassin,
par les enfants Deschamps, un esprit d'union que
rien n'a jamais pu altérer. Dans les deux familles,
qui n'en faisaient qu'une en réalité, joies et tristesses, plaisirs et peines, tout semblait être en commun. On vivait sous le même toit, souvent à la même
table. Les enfants s'y aimaient comme frères et
sœurs. Ils avaient les uns pour les autres une indul-
gence sans limites...

En cela, leur charité avait quelque chose de supérieur. Elle s'appliquait, en effet, non seulement à des
inconnus misérables ou à des vagabonds infirmes,
ce qui est facile et très commun; mais elle s'étendait
tout spécialement aux amis et aux membres de la
parenté, de qui l'on supportait les fautes, les injures
et les mauvais traitements, et auxquels on savait

pardonner et qu'on continuait d'aimer. Il est beaucoup plus facile de supporter l'injure du populaire et
des inconnus que de ses amis ou de ses parents.
*Non solùm populi, sed etiam amicorum ferens inju-
rias*, dit C. Népos dans la Vie d'Epaminondas.

Pardonner à des parents qui vous ont blessés, qui
se sont mal conduits, c'est bien ; mais les aimer
encore après cela, c'est le *summum* de la charité.

Les enfants Chédieu avaient cette force d'âme.

CONSIDÉRATIONS PHYSIOLOGIQUES ET CONCLUSIONS.

Voilà, mes enfants, notre patrimoine physiologique; voilà ce que nos grands-parents nous ont
laissé en réputation et en santé; voilà ce qu'ils ont
été et ce que nous serons nous-mêmes, si nous tra-
vaillons à nous maintenir; voilà ce que seraient aussi
nos descendants, si les temps et le milieu social ne
changeaient, et si, par des mariages ou par une
sélection quelquefois aventureuse, une race n'était
pas forcée de subir d'inévitables transformations.

Ces transformations rentrent dans la fatalité des
lois naturelles.

N'oubliez pas cependant que, pour développer et
même pour conserver dans une famille les qualités
du cœur et de l'esprit, l'agent le plus efficace est à
coup sûr la mère. Par ses conseils et par ses
exemples, par la pratique journalière de ses vertus,
elle imprègne pour ainsi dire la couvée de l'odeur de
ses perfections. Elle fait son monde à son image.
Rien ne la décourage dans son œuvre pédagogique,
rien ne la rebute. Sa sollicitude, qui veille à tout, est
de chaque heure et de chaque minute; ses soins sont
incessants. Que vaudrait à côté de cela la direction
intermittente d'un père, le plus souvent occupé de ses

affaires? Un homme est rarement doué d'assez de patience et de douceur pour accomplir une tâche aussi délicate et continue.

Nos pères, comme nous l'avons dit, ont su nous choisir d'excellentes mères. Pour nous en tenir à celles que vous avez pu voir à l'œuvre, où pourrions-nous trouver des femmes plus accomplies que vos deux grand'mères? que vos grand'tantes Brocard? que votre grand'tante Thomassin, avec laquelle vous avez vécu tant d'années? que votre tante Fanny, que vos tantes Sophie, Esther, etc., etc.? Je pourrais les nommer toutes.

Quand ce fait constant se produit dans une famille, que toutes les femmes y sont vertueuses, c'est que l'état sanitaire en est bon. Le bien s'y transmet par hérédité et s'y multiplie par une sorte d'imitation : là où il vient, il *troche*, suivant un proverbe populaire.

Nos pères avaient-ils donc un procédé pour se choisir des femmes?

N'en doutez pas.

Ce procédé est aussi simple que facile à résumer: ils n'ont recherché que des femmes de leur condition, nées et élevées dans un milieu sain!

Quand on est homme de bon sens, on ne va pas flirter avec la première venue et dans tous les carrefours. D'ailleurs on ne contracte pas des engagements de longue durée, aussi sérieux que le mariage, à la légère ou dans l'emportement de la passion. Le mariage est une affaire qui demande de la réflexion, même avec le rétablissement du divorce.

Un agronome ou un gentilhomme aux goûts champêtres a beau être riche, il commet une triple sottise s'il se marie avec une ballerine ou une diva habituée aux ivresses du théâtre, et réciproquement. Pour

s'accommoder, ils auront évidemment trop à modifier leur genre de vie, leurs idées, leurs penchants,
leur constitution morale.

Il y a dans l'exercice de chaque profession des
obligations particulières, et dans chaque état social
des préjugés dont on a peine à se défaire.

La caste nobiliaire se croit bêtement supérieure à
tout ce qui n'a pas la particule ou un titre équivalent;
la société bourgeoise s'est créé un genre de vie
aristocratique et gourmé; un laboureur, sur une
foule de points, pense et sent autrement que l'artisan
des villes; les goûts d'un artiste ne cadrent guère
avec ceux d'un honnête épicier; les procédés mer-
cantiles ne vont pas à un médecin, ni à un militaire,
ni à un homme de loi... Tous ces gens là n'envisagent
pas les choses et ne comprennent même pas l'hono-
rabilité ni la grandeur de la même manière. Ils ne
sauraient avoir, du reste, les mêmes scrupules, ni la
même délicatesse professionnelle.

Si l'on omet de faire entrer en ligne de compte,
quand on se marie, ces dissemblances de milieu, on
risque fort d'amener entre les conjoints des heurts
et des froissements d'amour-propre qui seront loin
de cimenter l'harmonie dans le ménage. Elevés dans
une condition autre, n'ayant pas des sentiments identiques sur une foule de points, ils auront l'un et
l'autre à souffrir beaucoup pour se mettre à l'unisson.

On entend dire : *Vous avez bien de la chance, chez
vous, d'avoir des enfants qui se portent bien, qui se
conduisent bien!* Eh! non, ce n'est pas de la chance.

Dit-on qu'il a de la chance, celui qui récolte du bon
froment après avoir bien fumé et labouré ses terres
et les avoir ensemencées de bonne graine? C'est en

faisant le contraire, c'est en prenant la graine au hasard, en écorchant un peu la terre mal fumée, et en réussissant également, qu'on aurait de la chance. En faisant ce que nous avons fait, on peut ne pas réussir... C'est alors qu'on aurait de la chance, de la malechance, et qu'on serait sincèrement à plaindre.

Celui qui ne peine pas pour réussir et qui réussit quand même est un scandale ; s'il ne réussit pas, on peut s'en contrister, mais non le plaindre : il l'a voulu !

Il n'y a pas d'effets sans causes.

L'homme ne fait pas exception à cette règle. Quel qu'il soit, moral ou dépravé, vigoureux ou chétif, il est une résultante, le produit de certaines forces qui sont quelquefois en dehors de nos prévisions, mais qui sont aussi le plus souvent soumises à l'action de notre volonté. Ces forces appartiennent à l'hérédité d'abord, au dressement ou à l'éducation ensuite.

On n'est pas ce que l'on veut.

Un homme ne choisit ni son jugement, ni son caractère, ni sa figure, toutes choses cependant dont il se montre, en général, assez satisfait. Il n'est pas maître de se doter d'un tempérament, pas plus qu'il ne l'est de naître arabe ou français, nègre, mongolique ou caucasien.

Il est la reproduction plus ou moins exacte de ses parents. Et on aura beau faire, le milieu social où il grandit ne pourra jamais le dépouiller complètement de ses dispositions natives, de son bouquet d'origine. Tout ce qu'on peut espérer, c'est de modifier les dispositions de sa race en y infusant les qualités qui lui font défaut.

Il est facile d'observer, dans un village où tout le monde se connaît, la persistance des traits distinctifs de chaque famille ; et on n'est pas surpris de retrou-

ver ces traits dans les enfants après plusieurs générations. Ici, ils sont portés, de père en fils, à la flat-
terie et à la délation ; là, ils sont sournois, rancu-
niers, vindicatifs ; ceux-ci sont enclins à la débauche,
à l'ivrognerie, à la paresse ; ceux-là le sont à l'ava-
rice, à la ruse, comme ils seraient disposés à la scrofule ou à toute autre maladie. Chez tous ces particu-
liers plus ou moins sainement équilibrés, le vice,
comme nous disons, est dans le sang.

— Evidemment, ce n'est pas la faute de ces enfants.

— J'avoue qu'ils ne sont en rien la cause de leur
état d'infériorité physiologique, dont ils sont les pre-
miers à souffrir. Mais cette infériorité n'en est pas
moins un fait avéré qui les amoindrit. C'est une tein-
ture paternelle dont ils pourront difficilement se dé-
barrasser.

Un sourd-muet non plus n'est pas cause de sa surdi-
mutité. En est-il mieux coté pour autant ?

Un jour, je demandais à un brave campagnard
pourquoi il n'avait pas voulu que sa fille épousât un
petit nain qui l'avait recherchée en mariage. Ce petit
nain était riche, doux et de bonne conduite... Mais,
Monsieur le docteur, me répondit notre homme,
est-ce que vous voudriez avoir des nains pour petits-
enfants ? Vous, un médecin !...

Voilà la vraie manière de poser la question.

Il serait puéril de se vanter du mérite de ses ancêtres pour s'arroger le droit de ne plus rien faire.
Mais nul ne saurait valablement contester le principe d'hérédité dont nous parlons. Or, si l'on peut
être fier, et à juste raison, d'avoir pour auteur un
homme de bien, qui a honoré sa profession, fait service à ses concitoyens, enrichi son pays, je ne vois

pas par quelle subtilité d'amour-propre on ne serait pas un peu humilié d'avoir pour aïeul ou pour frères des gens qui sont morts au bagne ou dans un cabanon d'aliénés...

— C'est un préjugé, diront les niais : les fautes sont personnelles.

— J'en conviens, les fautes sont personnelles ; mais les causes de ces fautes ne le sont pas. Aucun raisonnement, aucune argumentation ne prévaudra contre un fait bien établi, à savoir que le malfaiteur ou le fou a été notre consanguin, qu'il a entaché la famille, que nous pouvons, nous, ne pas lui ressembler, mais qu'il ne répugne nullement à la vraisemblance qu'un des nôtres lui ressemble.

C'est brutal, mais c'est indéniable.

Si les parents mangent des fruits verts, a dit l'Ecriture, les dents des enfants en seront agacées pendant plusieurs générations. Celui qui est issu d'un père ivrogne, s'il devient épileptique, a-t-il le droit de s'en plaindre et surtout d'en accuser les autres ?... C'est un accident, c'est un malheur individuel qu'on ne peut pas empêcher, mais que les autres devraient considérer comme une leçon, pour en tirer profit.

Quand j'étais jeune, j'éprouvais un sentiment d'inutile irritation contre ce que je considérais comme des injustices du sort. Pourquoi, me disais-je, l'un est-il né si riche et si bien doué sous tous les rapports, en beauté physique et en santé ? Pourquoi l'autre a-t-il été placé dans des conditions tout à fait différentes ? La société ne doit-elle pas être rendue responsable de ces inégalités et de ces différences, et tenue de les réparer ? C'est, en effet, par de bonnes lois sociales qu'on pourra atténuer ces maux. Mais ces lois réformatrices, c'est tout une morale à créer! Comment les formuler?

En attendant, les inégalités sociales, ces prétendues injustices du sort, étant un fait impossible à empêcher, les moralistes doivent en tirer la conclusion hygiénique qu'elles comportent.

La peine qu'elles nous font éprouver, la commisération que nous inspirent les déshérités de la fortune, sont des sentiments trop universels et trop honorables pour n'avoir pas une raison d'être, c'est-à-dire une utilité immédiate.

Quelle est cette utilité?

C'est afin que, réfléchissant sur tout cela, l'homme raisonnable se pénètre de l'obligation stricte où il est de faire une sélection intelligente en vue d'améliorer sa race; c'est afin qu'il assure, par une sage prévoyance, la persistance et la supériorité de ses produits.

Une mouche a l'instinct de déposer ses larves là où elles trouveront la chaleur et la nourriture nécessaires à leur développement. L'homme, à défaut d'instinct, possède la faculté d'observer, c'est-à-dire la raison, qui est appelée à diriger ses actes, et notamment à lui apprendre ce qu'il faut faire pour assurer l'avenir de sa progéniture. Celui qui manque de cet esprit éminemment conservateur, celui qui ne prévoit pas les conditions de durée et d'intégrité de sa descendance, celui qui ne s'en préoccupe même pas, est comme l'insecte qui faillit à ses instincts et qui dépose ses larves sur un roc nu : l'un et l'autre sont destinés à finir à bref délai dans leur postérité.

Et c'est justice, en somme.

Pense-t-on à tout cela quand on se marie? Beaucoup de jeunes gens ne sentent que les besoins du

moment et ne voient que leur satisfaction personnelle à contenter. Ils n'ont à la pensée qu'une exis-
tence assurée pour eux-mêmes, et ils ne s'inquiètent
guère de ce que leurs rejetons pourront être et seront
vraisemblablement.

Un voisin du médecin Théoclès, nommé Glaucus,
avait épousé la fille d'un riche marchand dont la
femme était morte d'une affection mentale héréditaire. Son fils étant devenu fou, Glaucus se lamen-
tait devant Théoclès, maudissant l'impuissance de la
médecine et l'incapacité des médecins. *Tous vos médecins sont des ânes,* s'écriait-il dans sa douleur!
Théoclès lui répondit: *Qu'as-tu cherché en te mariant?
De la beauté? Ta femme en avait... De la fortune?
Elle t'a laissé de grandes richesses... De la santé? Tu
ne t'en préoccupais pas. Alors, de quoi te plains-tu?
Tu as semé de la folle avoine, tu ne pouvais pas t'at-
tendre à récolter du bon froment...*

Les taches originelles sont donc souvent des né-
cessités que j'appellerais volontiers moralisatrices.
Elles démontrent, tout au moins à ce point de vue
spécial, que les fautes ne sont pas personnelles,
comme on le prétend; car souvent le vice et la maladie dans les enfants sont la punition de l'impré-
voyance de leurs parents.

Personne, certes, ne saurait nier l'influence de
l'hérédité sur la santé des individus; mais on peut
bien moins encore contester celle de l'éducation ou
du dressement.

Si les enfants ressemblent si fort à leurs parents,
il ne faut pas croire que c'est par le fait seul de la
consanguinité. Non, on finit par ressembler à ceux
qu'on fréquente, et on doit attribuer une bonne part

des conformités morales observées dans chaque famille aux exemples et aux leçons, aux exemples surtout, qu'on y reçoit dès le bas âge.

En effet, le dressement est incomparablement plus nécessaire à l'homme qu'à la brute. Celle-ci se forme dans quelques mois, tandis qu'à celui-là il faut des années. Pendant des années, l'enfant a besoin de l'assistance des autres.

D'ailleurs, les modifications qu'on peut imprimer au caractère de la brute sont peu de chose en réalité, parce que la dominante chez elle est l'instinct. Chez l'homme, la dominante étant l'imitation, l'éducation modifie ses mœurs du tout au tout.

L'enfant imite tout ce qu'il voit faire. Qu'il soit confié à des coquins qui lui apprendront à fouler aux pieds tous les scrupules, à mésestimer les autres, à haïr tous ceux qui lui font envie; qu'il ait sous les yeux des scènes de débauche et des orgies dans lesquelles on le convie, on peut être sûr qu'à dix-huit ans cet enfant sera foncièrement perverti (1). Qu'il soit, au contraire, remis entre les mains d'honnêtes gens, habitués à faire, non ce qui plaît, mais ce qui convient; qu'il soit témoin constant de leur courage et de leur résignation, il ne saurait se dépraver à leur contact. Car on façonne les mœurs et l'esprit de la jeunesse beaucoup plus par les exemples que par les sermons.

(1) *Filium ejus sic educari jussit, ut indulgendo turpissimis imbueretur voluptatibus. Nam puero, priùs quàm pubes esset, scorta adducebantur, vino epulisque obruebatur, neque ullum tempus sobrio reliquebatur....* Voilà comment le tyran Denys fit élever le fils de Dion. Quand on voulut lui faire abandonner ce train de vie, notre adolescent se tua en se précipitant du haut de la maison.

On fait prendre facilement aux enfants toutes les habitudes, plus facilement les mauvaises que les bonnes. On les voit boire et fumer à se rendre malades, pour faire comme les grandes personnes, et répéter, sans les comprendre, les propos grossiers et les gros mots qu'ils ont entendus.

Si l'on s'abandonne trop devant eux à des récriminations et à des plaintes contre les inégalités sociales, contre les injustices du sort, contre les misères de la vie, etc., on fomente en eux les aigres sentiments, on sème dans leur cœur des germes de haine et d'envie qui porteront plus tard des fruits amers. C'est là une éducation commune donnée aux enfants du pauvre monde, et c'est déplorable vraiment : leur jeune âme aurait besoin d'expansion, non de refoulement, de gaietés réconfortantes et non de tristesses morbides... Combien ils en vaudraient mieux !

D'ailleurs, qu'on ne l'oublie pas : ces inégalités prétendues qui nous choquent sont dans les plans du Créateur. Elles existeront toujours, parce qu'elles répondent à l'éternelle justice. Serait-il juste, en effet, que celui qui a bien élevé sa famille n'aboutît pas à un résultat meilleur que celui qui l'a tout à fait négligée ou même corrompue ? Serait-il juste que des enfants, bien surveillés et habitués au travail, ne fussent pas moralement supérieurs à tous ces officiers de Battant qui vivent désœuvrés et qui courent les rues en liberté, comme les chiens de Constantinople ?

Sauf exception, les enfants sont ce qu'on les fait. Et quand j'entends certains parents se plaindre de ce que les leurs ont mal tourné, je suis bien tenté de leur riposter : les seuls coupables en cela, c'est vous, qui n'avez pas su les bien conduire !

J'ajouterai pour conclure :

Si nous voulons que notre descendance se porte bien, n'épousons ni la phtisie, ni la scrofule ; qu'elle soit de sens rassis, n'allons pas nous unir aux maniaques, aux fous, aux épileptiques.

Si nous voulons que nos enfants soient de bonne compagnie et élevés en gentilshommes, nous ne les confierons pas à des garçons d'écurie.

Si nous voulons qu'ils marchent dans la voie du bien, nous y marcherons devant eux, pour qu'ils nous y suivent.

Si nous voulons qu'ils soient animés de bienveillance et de douceur, sentiments nécessaires à la sociabilité, nous ne cultiverons pas dans leur cœur la haine ou l'envie contre quoi que ce soit.

Si nous voulons qu'ils pensent aux autres, il ne faut pas les laisser ne penser qu'à eux-mêmes et se satisfaire en tout, etc., etc.

Ce sont là des vérités éternelles, des vérités d'observation qu'aucun sophisme ne pourrait détruire. Les lois de la physiologie se confondent ici avec celles de la morale; leurs prescriptions sont identiques. Celui qui s'y conforme obtient l'estime et la considération du monde ; celui qui les enfreint est à peu près sûr de perdre la santé.

Ne cessez de le dire à vos enfants, et prêchez d'exemple.

Dr P.

Septembre 1884.

NOMENCLATURE

DES

PARENTS OU ALLIÉS DE LA FAMILLE

BESANÇON, IMP. MILLOT FRÈRES.

161

www.ingramcontent.com/pod-product-compliance
Lightning Source LLC
Chambersburg PA
CBHW070902280326
41934CB00008B/1555